ROVDJUR I MÄNSKLIG SKEPNAD:

KONSTEN ATT FÖRSTÅ OCH HANDSKAS MED EN PSYKOPAT

Jonas Wårstad

Tryck och förlag: BoD

ISBN 978-91-7463-740-3

Vad en psykologiprofessor har att säga om boken

"Författaren har förtagit en resa dit få vill resa, nämligen in i psykopatens osunda psyke och världsbild. Boken överraskar läsaren med insiktsfulla verklighetsbaserade anekdoter och beskrivningar som hjälper dig bli mer medveten om de personer du omger dig med. Den är fylld med tips och förslag om hur du kan handskas med, undvika och fly från en psykopat, samt inte minst återhämta dig psykiskt efteråt. En psykopat skulle aldrig få för sig att det skulle vara något som helst fel med deras inställning eller personlighet, och skulle därmed antingen ignorera eller hata denna bok. Författaren avslöjar effektivt psykopaten, beskriver utförligt deras natur och lämnar därmed psykopaten där han bäst hör hemma — ensam."

Mitch Darnell
Psykologiprofessor, USA

Vad en psykiatriker har att säga om boken

"Denna bok är unik, på så sätt att den upplyser läsaren om han/hon har med en psykopat att göra och hur man i så fall ska relatera till psykopaten. Det är uppenbart att författaren besitter gedigen kunskap om psykopati. Han beskriver i detalj vad som rör sig i en psykopats huvud och vad som driver psykopater att bete sig som de gör. En person med psykopati följer inte vedertagna sociala normer eller regler så denna bok jämnar ut oddsen för läsaren i ett eventuellt möte med en psykopat. Jag rekommenderar därför starkt denna bok åt alla som misstänker att de har med en psykopat att göra, och även för dem som i sitt yrke oftare kommer i kontakt med psykopater eller arbetar med rådgivning till de som har en psykopat nära inpå sig i livet."

Carlo Carandang
Psykiatriker, USA

Förord av en psykolog

"De flesta föreställer sig en psykopat som en farlig och galen seriemördare. Det är ju trots allt de fallen som hamnar i rubrikerna. Men som författaren i denna bok påpekar är en av trettio män en psykopat så statistiskt sett är chansen väldigt stor att just du känner eller har känt en psykopat.

Mitt eget intresse för psykopater började när jag läste psykologi på University of Southern California. Min professor, Dr. Scott Fraser, hade haft Ted Bundy [en ökänd amerikansk seriemördare] som psykologielev flera år tidigare. Under de två åren jag hade Dr. Scott som lärare berättade han ofta hur charmig, karismatisk och intelligent Ted Bundy var. Jag fann det alltid intressant att en av värdens mest ökände seriemördare var så intresserad av psykologi. Det var som om han bättre ville sätta sig in i hur hans blivande offer tänkte.

Denna bok hjälper definitivt läsaren att förstå psykopater. Den hjälper dig identifiera psykopatiska tendenser och ger dig insikt i hur en psykopat tänker och vad som är drivkraften bakom deras handlingar. Men viktigast av allt: Du får tips om vilka åtgärder du kan vidta om du misstänker att någon du känner eller råkar på är psykopat.

Jag är övertygad om att du som läsare kommer att uppskatta boken. Jonas behandlar detta viktiga ämne på ett lättbegripligt och upplysande sätt, och jag rekommenderar återigen denna bok å det varmaste."

Traci Shoblom
Psykolog, managementkonsult, författare, delägare i Decision Systems International
www.ACESdecisions.com

Prolog

Har du någonsin haft att göra med någon som verkade sååå trevlig i början, men som efter en tid visade upp en helt annan sida och blev fruktansvärt otrevlig så fort de inte fick sin vilja igenom? Eller har du råkat ut för någon som charmade sin väg in i ditt liv eller ditt hjärta, bara för att sedan lura av dig dina pengar? Har du stött på någon som alltid gav dig och de flesta andra en nervös och obehaglig känsla i magen eller bröstet? Någon som du måste vara extremt försiktig med för du vet att personen kan explodera av ilska så fort du säger eller gör något som inte passar? Eller någon som inte verkar bry sig det minsta ifall de säger eller gör något som sårar dig? Ja, i så fall kan du mycket väl haft med en psykopat att göra.

Trots att de allra flesta känner till uttrycket psykopat och har läst någon artikel eller sett något TV-program om psykopater är det tyvärr så att de allra flesta ändå har otillräcklig kunskap och även direkt felaktiga uppfattningar om vad en psykopat verkligen är. Många har heller ingen aning om att det finns så *många* psykopater bland oss, som hänsynslöst armbågar sig fram i livet och kör över alla de kommer i kontakt med.

Av denna anledning är det väldigt bra att känna till om någon har psykopatiska drag *innan* du utvecklar en djupare relation med personen. Detta gäller oavsett om det rör sig om en romantisk relation, en vänskapsrelation eller en affärsrelation. När allt kommer omkring är det mycket som står på spel: Din känslomässiga och psykiska hälsa (och därmed även din fysiska hälsa), din tid, din energi, dina pengar och inte minst ditt hjärta.

Denna bok förklarar snabbt och med enkla ord allt du som privatperson behöver veta om psykopater: Vad en psykopat är och hur de tänker. Men jag ville inte sluta där, med enbart teori. Jag ville också ta med praktiska råd om hur man bör *bemöta* psykopater och även hur man kan göra för att i möjligaste mån *handskas* med dem. Vidare får du tips om vad du kan göra för att undvika att bli en psykopats nästa offer och på så sätt slippa bli utnyttjad, manipulerad eller få hjärtat krossat. Sist men inte minst ges tips om några olika metoder att läka känslomässiga sår eller trauman som du kanske fått efter att ha mött en eller flera psykopater i ditt liv.

För att säkerställa att fakta i boken är korrekt har jag för det mesta valt att utgå från två av de internationellt mest erkända böckerna om psykopati avsedda för allmänheten: *Without Conscience* av den kanadensiske psykologen Robert D. Hare och *The Sociopath Next Door* av den amerikanska psykologen Martha Stout. Utöver detta har tre amerikanska experter — en psykologiprofessor, en psykiatriker och en psykolog — granskat och godkänt texten och dessutom skrivit varsin inledande text. (Jag valde experter från USA eftersom jag först skrev denna bok på engelska och gav ut den genom Amazon som *The Psychopath Exposed*, och jag har här översatt deras texter i något nedkortade versioner.)

Jag upprepar avsiktligen viktiga fakta i boken. Detta beror på att jag utgår från att alla läsare inte läser boken från pärm till pärm. En del börjar kanske med ett stycke som de tycker verkar intressant. Andra läser kanske om ett stycke senare eller visar ett visst stycke för någon. I samtliga dessa fall är det viktigt att all relevant information kommer med oavsett i vilket sammanhang det läses. För enkelhets skull har jag valt att oftast använda mig av *han* eller *de* i boken när jag syftar på en psykopat eller på psykopater i allmänhet. (Jag väljer medvetet bort den nyare könsneutrala benämningen hen.) All information och alla metoder gäller dock båda könen.

Denna bok är i första hand avsedd för "vanligt folk" som kanske arbetar eller bor ihop med en psykopat eller har en psykopat i familjen, släkten eller vänkretsen. Boken kan naturligtvis också vara till stor hjälp för personer som genom yrket oftare kommer i kontakt med psykopater; exempelvis psykologer, psykiatriker, socialarbetare och poliser.

Hursomhelst är min önskan att denna bok gör dig, kära läsare, *starkare*, och hjälper dig till ett liv med bättre livskvalitet. För det är du värd!

Jonas Wårstad

Kapitel 1 — Att förstå en psykopat

1. Vad betyder psykopat?

Ordet psykopat kommer från grekiskans psykhe som betyder själ eller sinne, och pathos som betyder lidande i bemärkelsen lidande av en sjukdom. I ordets snävaste betydelse är psykopat kort och gott en person som lider av psykopati (en term vi strax kommer att gå igenom). Den enklast möjliga sammanfattningen av en psykopat är "en totalt egoistiskt person som saknar samvete". Men för att få mer kött på benen är det följande drag som främst utmärker en psykopat: Känslomässigt kall, lögnaktig, manipulativ, falsk charm, saknar samvete och känner varken skam eller ånger.

2. Är det någon skillnad mellan psykopat och sociopat?

Diagnostic and Statistical Manual of Mental Disorders, det internationella standardverk som psykiatriker använder sig av när de ställer diagnoser gällande psykiska sjukdomar och störningar, gör ingen skillnad på psykopat och sociopat. Båda uttrycken betyder alltså samma sak. Dock verkar en del yrkesutövare föredra den ena termen framför den andra, sannolikt beroende på vilken term som oftast användes i kurslitteraturen under personens utbildning.

I filmer och på internet förekommer det att dessa två termer särskiljs och tillskrivs mer eller mindre diffusa skillnader. Exempelvis protesterar Sherlock Holmes i TV-serien "Sherlock" när han i säsong 1 från 2010 blir kallad för psykopat. Indignerat tillrättavisar han doktor Watson och klargör att han är en "högfungerande sociopat". Detta är dock filmvärldens eller individuella personers egna påfund och har inget stöd i någon officiell litteratur.

Det finns även en tredje benämning, Antisocial personlighetsstörning, som dock är mest känd bland yrkesutövare, inte bland allmänheten. Då denna bok främst är avsedd för allmänheten, som i stort förstår eller känner igen ordet psykopat bättre än sociopat eller antisocial personlighetsstörning, kommer jag i fortsättningen att hålla mig till psykopat i texten.

3. Är psykopater psykotiska?

Nej. Vi måste göra en klar åtskillnad här mellan de två begreppen. En psykotisk person lider av psykos, en svår form av psykisk sjukdom som exempelvis schizofreni eller vanföreställningar. Psykosen förvränger verklighetsuppfattningen och gör det svårt att fungera normalt på ett personligt plan och i möten med andra människor.

En psykopat å andra sidan har ett normalt fungerande intellekt. Även om de saknar allt vad moral heter och struntar blankt i att att följa samhällets lagar och regler är deras syn- och hörselintryck och deras tankar normalt sett helt och hållet verklighetsförankrade. De ser, hör och kan tänka på samma sätt som alla vi andra. Således kan en psykopat *till synes* fungera väl i samhället och till och med nå stora framgångar i sin karriär — dock på ett sätt som alltid går ut över andra.

4. Vad utmärker en psykopats beteende?

Innan jag börjar rada upp en detaljerad lista över typiska psykopatbeteenden är det några viktiga saker du måste känna till. För det första: Att publicera en lista över psykopat-beteenden är ett tveeggat svärd. Att blunda för fakta har förstört mångas liv genom att de naivt släppt in psykopater i sina liv och helt låtit dem ta över. Att å andra sidan blint gå efter en "psykopatlista" som du hittar i någon tidning (i stil med "10 säkra tecken på att din chef är psykopat") ökar risken för modern häxjakt och amatörmässiga felaktiga beskyllningar, i värsta fall offentliga sådana.

Enligt min mening kan man inte vara alltför generell beträffande psykopatiska karaktärsdrag, till exempel "lägger sig ofta väldigt sent eller till och med mitt i natten". Psykopater utgör helt enkelt inte en separat ras utan egen vilja. De är individer som alla andra. I sin bok *The Sociopath Next Door* skriver Martha Stout i kapitel 10 att sociopater i intervjuer hävdar att de kräver extra stimulans nästan konstant och känner sig extremt uttråkade. Hon nämner vidare en studie som publicerades 1990 i *Journal of the American Medical Association* i vilken det uppskattades att upp till 75 procent av alla sociopater är alkoholister och att 50 procent missbrukar andra former av droger. I samma kapitel antyder hon även att sociopater tenderar att vara hypokondriker (inbillningssjuka) samt lata.

Med all respekt för Martha och andra författare aktar jag mig personligen för sådana generaliseringar. Det finns givetvis många som inte är psykopater men som ändå kan känna sig allmänt uttråkade eller rastlösa, och risken finns att dessa människor känner sig utpekade. Vi människor kräver helt enkelt olika grad av stimulans i livet. Somliga värdesätter lugn, ro och stabilitet i livet medan andra sätter större värde på spänning och omväxling. Dessutom finns andra skäl till att någon missbrukar alkohol och droger än att de är psykopater. De kan lida av depression, ha blivit utsatta för fysiska, psykiska eller sexuella övergrepp i barndomen, de kan vara extra känsliga i allmänhet, lida av någon form av psykisk sjukdom, etcetera. För det andra: Det en psykopat säger i en intervju behöver inte vara sant. Det kan vara så att de talar osanning eller överdriver. Varför? Det finns massor av anledningar. Det kanske roar dem för stunden. De kanske vill se om intervjuaren är "dum" nog att gå på lögnerna. Eller känner de måhända maktberusning när de vilseleder intervjuaren och därmed alla läsarna. Kanske försöker de imponera på intervjuaren för att känna sig viktiga. Vill de av någon anledning att intervjuaren ska tycka synd om dem? Eller försöker de få sig själva att framstå som "mänskliga"? Man vet aldrig med en psykopat! Den tredje anledningen till att jag aktar mig för generaliseringar är att ingen någonsin ens har kommit i närheten av att intervjua alla psykopater i världen. Det statistiska underlaget är helt enkelt väldigt litet eftersom öppenhjärtiga intervjuer och psykopater inte går ihop.

I sammanhanget bör nämnas att det redan finns en officiell lista som kallas PCL-R, Psychopathy Check List Revised (ungefär "omarbetade psykopati-checklistan") som utformades av den kanadensiske kriminalpsykologen Robert Hare på 1970-talet. Den användes ursprungligen vid riskbedömning i samband med frigivning av fångar men har nu blivit den internationella norm som psykiatriker och andra yrkesutövare utgår från när de kliniskt ska fastställa om någon är psykopat. Den listan är alltså avsedd för yrkesfolk i deras yrkesutövning, inte för allmänheten.

En sista reservation. Ju fler av de följande 16 punkterna som stämmer in på en person desto större är naturligtvis risken att du har med en psykopatisk person att göra. Tänk dock på att det är en persons bakomliggande *drag och inre tendenser* som *styr* själva beteendet. Som du läste i punkt 1 *Vad betyder psykopat?* är dragen som kännetecknar en psykopat känslomässig kyla, lögnaktighet, manipulation, falsk charm, saknar samvete och känner varken skam eller ånger. Ett och samma beteende kan dock ha olika orsaker beroende på exakt vad det är som driver en individ till just det beteendet. Bara för att någon till synes uppvisar psykopatiska kännetecken är det inte 100 procent säkert att de är just en psykopat. De kännetecken de uppvisar kan vara en del av deras psykologiska försvarsmekanism. De kan också ha blivit uppfostrade att vara eller handla på det sättet, eller kan det finnas ett bakomliggande psykologiskt tillstånd som får dem att bete sig så. Det säkraste är alltså att inte enbart gå efter beteendet i sig utan att ta sig tid att förstå vad som ligger *bakom* beteendet.

Avslutningsvis vill jag alltså understryka att listan som följer måste användas med omdöme och endast för ditt eget privata bruk. Den är inte till för att kliniskt fastställa om någon är psykopat. Endast en legitimerad yrkesutövare, till exempel en psykiatriker, har rätt att göra det.

Listan

Utan att göra anspråk på att följande lista är 100 procent komplett så innefattar typiskt psykopatbeteende följande. (Punkterna anges inte i någon speciell ordning.)

1. Expert på att manipulera andra för egen vinning. Ofta, men inte alltid, har de talets gåva och är bra på att styra samtalet dit de vill, med hjälp av ordval, tonfall, mimik, gester och kroppsspråk. Om det innefattar att säga som det är, eller att vilseleda, undanhålla något eller rent av ljuga — inget av detta spelar någon roll så länge resultatet gagnar psykopaten. För psykopaten handlar kommunikation i grund och botten om manipulation, inte om att dela sina tankar eller åsikter med en annan individ.

2. Parasitisk livsstil. De utnyttjar alla de kan på alla sätt de kan. Att lura sista kronan av någon ger inte en psykopat några samvetskval utan det är egentligen bara en början: Visserligen är personen nu barskrapad men han/hon kan ju fortfarande skaffa mer pengar åt psykopaten genom att låna av sina vänner och bekanta. (Som ett bra exempel rekommenderar jag den utmärkta TV-filmen *The Master Blackmailer* ["Mästar-utpressaren"] från serien *The Casebook of Sherlock Holmes*, med den förnämlige skådespelaren Jeremy Brett.)

3. På grund av sin parasitiska livsstil har de oftast många men ytliga och i många fall snabbt övergående förbindelser för att de snabbt "betar av sina jaktmarker" och blir då tvungna att hitta

nya personer att manipulera och parasitera på. Av denna anledning lämnar de ofta en lång rad av känslomässiga och psykiska vrak bakom sig — människor som de på olika sätt utnyttjat, kört över, lurat, duperat, manipulerat eller krossat hjärtat på.

4. De kan växla mellan att vara extremt trevliga och charmiga i ena ögonblicket till att vara extremt otrevliga i nästa ("falsk charm"). Humöret beror på om de får sin vilja igenom (då kan de vara hur trevliga och charmiga som helst) eller om de i slutändan inte får som de vill (då kan de — rätt gissat — bli väldigt otrevliga).

5. Talar ofta illa om eller förtalar andra. Psykopaten kan naturligtvis göra detta för att han ogillar personen eller personerna ifråga men syftet kan lika gärna vara att genom manipulation få dig att tycka illa om personen eller personerna ifråga och därmed indirekt tycka bättre om psykopaten istället. Som Einstein sa: Allt är relativt.

6. "Kör över" folk och angriper eller motarbetar på olika sätt dem som säger emot eller går emot dem.

7. Har ingen respekt för lagar eller regler. De kan mycket väl *känna till* lagarna eller reglerna men anser helt enkelt att de står över allt sådant. De tänker som så, att om folk är dumma nog att bry sig om lagar så får de skylla sig själva.

8. Har i princip inget behov av att bli eller känna sig accepterade eller "godkända" av andra. De brukar inte fråga någon "Vad tycker du om mig?" eller "Gillade du mitt tal?" *Om* de skulle göra det är det bara för att på något sätt manipulera

dig, inte för att de faktiskt vill höra din uppriktiga åsikt. Du som läsare kanske anser att en person med bra självförtroende och stark självkänsla har just denna egenskap, att inte känna något behov av att bli accepterad. Ja, det är rätt. Skillnaden är dock stor. En person med bra självförtroende och stark självkänsla känner sig genuint självsäker och trygg i sig själv och känner av den anledningen inte något behov av acceptans eller godkännande från andra. Anledningen till att en psykopat inte bryr sig om vad andra tycker eller tänker om honom är dock en helt annan — han bryr sig inte det minsta om deras känslor, tankar eller åsikter. Han bryr sig helt enkelt inte om dem som personer.

9. Uppvisar som regel vad de flesta människor anser vara ett högriskbeteende, det vill säga ser ingen risk i att göra olagliga eller omoraliska saker. Tvärtom kan somliga psykopater faktiskt få en slags kick av att göra saker som är olagliga, omoraliska eller till och med farliga. Detta *kan* naturligtvis bero på att de känner sig uttråkade eller har stort behov av stimulans (även om stimulansen är i form av en polisbil som jagar dem!) Dock kan vi aldrig riktigt veta hur de upplever uttråkning och kickar eftersom de har ett allt annat än normalt känsloliv.

10. Tvekar inte att skryta om omoraliska eller olagliga saker de gjort (eller som de vill få andra att *tro* att de gjort, i syfte att imponera) och de upplever heller ingen risk eller rädsla för att bli påkomna som lögnare eller tjuv. Att vara tjuv är "tufft" och "coolt" enligt dem.

11. Tar inte något ansvar för om de sårat dig genom något de sagt eller gjort. Istället vänder de på det hela och menar att det

är du som inte borde tagit illa upp eller att du borde förlåta dem (även om de egentligen inte vet vad förlåtelse innebär, annat än att du "slutar tjata").

12. Kan vara väldigt krävande med allt från att bli lyssnade på till uppassade och åtlydda, både med personer de känner och sådana de inte känner. Ja, ungefär som en kung som blir uppassad av alla.

13. Återgäldar i största möjligaste mån aldrig tjänster med gentjänster utan "lovar runt och håller tunt".

14. Det kan vara så gott som omöjligt att vinna en diskussion med en psykopat, för en psykopat ska alltid ha rätt.

15. Är expert på att leva efter mottot "sköt dig själv och skit i andra".

16. Trots allt detta negativa och mörka har de vanligtvis en grandios självuppfattning och uppfattar sig själva som störst och bäst.

För att runda av denna objektiva lista tänker jag ge några exempel ur verkligheten på vad psykopater kan hitta på.

En bekant berättade om en kvinnlig förman på sin arbetsplats som var känd för sitt kalla och inhumana sätt i allmänhet. En dag satt de ensamma i det lilla fikarummet. Utan någon uppenbar anledning sa hon till honom "Jag har inget emot dig men bara så du vet så kan jag få dig sparkad när som helst". Eftersom det finns lagar i Sverige som reglerar avsked och uppsägningar så fanns det visserligen ingen större risk att hon skulle sätta hotet, om det nu var ett hot, i verket. Hade hon haft saklig grund för klagomål hade hon i så fall behövt gå via facket. Men denne normalt tuffe man fann naturligtvis ändå det hela väldigt obehagligt. Det fanns inga vittnen och det var tydligt att hon inte skämtade. Hon visade här med all önskvärd tydlighet att han inte hade något som helst värde i hennes ögon. Kanske njöt hon av den maktkänsla det gav henne att säga det hon sa, vem vet?

För några år sedan såg jag hur någon sa något hjärtlöst till sin mor. Nu råkar jag känna denna person och vet att han brukar vräka ur sig hjärtlösa saker, så jag frågade honom direkt efteråt om han förstår att vad han nyss sagt gjort henne väldigt ledsen och sårad. Han replikerade då raskt i sin mors närvaro "Jag har varit ledsen och sårad i 15 år men jag skyller inte på någon annan för det!"

2013 uppmärksammades i svenska medier ett fall där en man inte bara misshandlat sin sambo utan dessutom fotograferat henne efteråt och lagt ut dessa närbilder på facebook. Det var tydligen hans sätt att skryta.

Jag har sparat det mest horribla exemplet till sist. Sommaren 2014 tog en ung mamma i Tyskland livet av sitt nyfödda barn genom att skära halsen av det. Efteråt dumpade hon barnet i en å varpå hon gick och dansade på en klubb. Hennes egen förklaring under rättegången var att hon inte ville att barnet skulle hindra hennes sociala liv och sexliv. Hon skulle alltså inte kunna festa som vanligt med sena nätter, sex och alkohol. Tilläggas kan att hennes mor begick självmord i samband med rättegången. Du får själv fundera över om hon ångrar sig och saknar sin mor och sitt barn.

5. Hur vanligt är psykopati?

I motsats till de flesta åkommor eller sjukdomar är psykopati inget som folk åker till sin läkare för att få behandling mot. Av den anledningen finns det egentligen inget tillräckligt statistiskt underlag för att exakt beräkna hur vanligt förekommande psykopati är. Enligt den tidigare nämnda *Diagnostic and Statistical Manual of Mental Disorders,* det internationella standardverk som psykiatriker använder sig av, lider tre procent av alla män och en procent av alla kvinnor av psykopati. Om vi utgår från att det är det närmaste vi kan komma sanningen innebär det att tre av hundra män och en av hundra kvinnor är psykopater. Det innebär nästan var trettionde man! Om ett företag har 100 anställda, och där finns lika många män som kvinnor, är alltså två av dem statistiskt sett psykopater. I Sverige med runt tio miljoner invånare finns det således statistiskt 200.000 psykopater.

Martha Stout berättar en intressant sak i sin bok *The Sociopath Next Door,* kapitel 7. Antalet psykopater i vissa Östasiatiska länder, exempelvis Japan och Kina, ligger enligt deras egna beräkningar på bara 0,03-0,14 procent, medan samma siffra tydligen har ökat i USA. Hennes egen förklaring är att amerikanska "slapphänta" traditioner direkt eller indirekt har uppmuntrat eller åtminstone underlättat för psykopatiska drag och tendenser att frodas. Min egen omedelbara reaktion när jag läste detta var hur de länderna kommit fram till sina egna låga siffror. Använde de sig av samma metoder som i västvärlden för att komma fram till sina underlag? Vill de framstå som förmer eller bättre inför omvärlden? Personligen är jag övertygad om att procenttalet för psykopati är i stort sett samma världen över men att kulturen i sig tillsammans med landets lagar antingen underlättar eller försvårar för psykopater att *leva ut* sitt psykopatiska beteende. Ungefär på samma sätt som en familj med strikt religiös eller moralisk uppfostran håller sina barns beteende i schack i mycket större utsträckning än vad en familj med fri uppfostran skulle göra. (Märk väl att jag här inte lägger personliga värderingar i vilken typ av uppfostran som är bäst utan enbart anger dessa två ytterligheter för att exemplifiera.)

Avslutningsvis vill jag påpeka att det finns ett bekräftat undantag till denna procentregel, nämligen bland intagna på anstalt inom kriminalvården (det som i vardagligt tal kallas fångar). Men även här är procenttalet psykopater enligt både Robert Hare och Martha Stout lägre än vad man kanske tror, runt 20 procent. Man kan fråga sig varför det inte är närmare 100 procent. Det beror säkerligen till viss del på att en del intagna har fått en destruktiv uppfostran eller hamnat i fel sällskap och av den anledningen betett sig kriminellt och hamnat snett i tillvaron, medan andra kan lida av olika psykiska sjukdomar eller ha blivit utsatta för övergrepp i barndomen. En av de främsta anledningarna till att de flesta psykopater inte sitter i fängelse är dock troligtvis att de helt enkelt är för smarta för att hamna där, och rör sig istället fritt bland oss.

6. Är alla psykopater likadana?

Nej. En person kan vara mer eller mindre psykopatisk; uppvisa ett eller flera eller till och med alla av de typiska dragen. Det är av den anledningen som yrkesfolk använder sig av den förut nämnda Psychopathy Check List Revised (PCL-R) för att fastställa hur många av dragen som någon har. Någon som är mindre psykopatisk kan vara känslomässigt kall och immun för andras känslor och behov och av den anledningen mer eller mindre oavsiktligt såra andra, medan en person som är mer eller gravt psykopatisk till och med kan känna njutning av att åsamka andra känslomässig eller fysisk smärta. (Du kan läsa mer om detta i punkt 19, *Är psykopater onda?*)

Det finns ännu en skillnad, nämligen att de allra flesta psykopater som tar till våld är män. Kvinnliga psykopater använder sig vanligtvis av metoder som inte involverar våld, exempelvis att lura pengar av män på olika sätt. Man kan fråga sig varför det är så. En förklaring kan vara att mannens hjärna faktiskt skiljer sig rent fysiologiskt från kvinnans. I de allra flesta kulturer genom människans historia har männen fått utföra de kallblodiga jobben; de har dödat djur för att skaffa föda och även dödat andra människor för att försvara sin grupp eller familj. Detta beteende har troligen bidragit till att männens hjärnor, åtminstone i våldshänseende, utvecklats annorlunda än kvinnors. Det finns naturligtvis andra teorier men hur man än vänder och vrider på det så kvarstår faktum att de flesta våldsamma psykopater är män.

Det finns naturligtvis även kvinnliga psykopater som begår våldsbrott och mord, även om det inte tillhör vanligheterna. De mest extrema och våldsamma kvinnliga psykopaterna hamnar ofta i rubrikerna, och det skrivs böcker och görs till och med filmer om dem. En av de mest kända filmerna är *Monster* från 2003, som skildrar den amerikanska kvinnliga seriemörderskan

Aileen Wuornos. Vill man få insikt i den riktiga personen bakom filmen så rekommenderar jag dokumentärfilmen *Aileen: Life and Death of a Serial Killer* (ungefär "Aileen: En seriemörderskas liv och död") som gjordes tidigare samma år och som inspirerade till filmen Monster. Här måste jag dock varna känsliga tittare. Även om det bara är en dokumentär och hon bara blir intervjuad och filmad i olika sammanhang fram tills dagen hon ska bli avrättad är det riktigt kusligt att se hur känslokall och beräknande hon är. Hennes ögon och inte minst hennes skratt bidrar till detta. Men för att förstå ett extremt fall av kvinnlig psykopati är dokumentären av stort värde.

7. Är psykopater ointelligenta?

Nej, tro inte för ett ögonblick att psykopater är ointelligenta. Även om det naturligtvis finns undantag har de samma mentala förmåga som alla vi andra. Det är faktiskt inte ovanligt att de till och med har ett IQ som vida överstiger genomsnittet.

8. Har psykopater normala känslor och behov alls?

De flesta av oss går igenom en palett av olika känslor under dagen. Vid frukost känner du kanske glädje och entusiasm inför dagen. Sedan minns du kanske att du ska vara med på ett viktigt möte under dagen och blir nervös vid blotta tanken på mötet. Sedan intalar du dig att det kommer att gå bra och känner dig med ens glad igen. På förmiddagen ringer en vän och berättar att hans mor gått bort och plötsligt känner du dig ledsen för din väns skull och lider med honom. Senare under dagen ringer kanske din syster för att glatt meddela att hon äntligen lyckats bli gravid. Du känner dig jätteglad för hennes skull, som om hennes glädje vore din egen. Kort sagt, ett ständigt känslomässigt interagerande med din familj, dina vänner och dina medmänniskor.

En psykopats känsloregister skiljer sig emellertid stort från ovanstående exempel. Deras känsloregister utgörs huvudsakligen av vad de flesta skulle kalla negativa känslor: Missnöje, otålighet, irritation, ilska, förakt, avsky och hat. Men om de får sin vilja igenom kan de faktiskt också känna positiva känslor såsom förnöjsamhet och glädje (samt naturligtvis skadeglädje, även om det är tveksamt om vi kan kalla det för en positiv känsla). Men med all sannolikhet känner de inte samma typ av sann glädje eller djup tillfredsställelse som de flesta av oss känner när vi uppnått ett mål vi länge strävat efter. Jag skriver med all sannolikhet eftersom man aldrig riktigt vet med en psykopat, och att fråga en psykopat om hans känslor är som att fråga en serievåldtäktsman om hur det känns att vara kär.

Även om inte alla psykopater uppvisar samma grad av psykopati har en "typisk" psykopat inget samvete och känner inga samvetskval. De har ingen inre moralisk kompass, det vill säga ingen liten inre röst som talar om för dem att de inte borde göra något som de flesta av oss betraktar som omoraliskt eller olagligt. De känner ingen empati, det vill säga förmåga till inlevelse eller förståelse för andras känslor. De har heller ingen förmåga att känna sympati, det vill säga medkänsla eller medlidande. De tycker därför inte synd om någon som råkat ut för något dåligt, otrevligt, negativt eller hemskt. Och även om Hitler lär ha varit en sann djurälskare och vegetarian tycker psykopater normalt sett inte ens synd om ett barn eller försvarslöst djur som skadat sig. De har emellertid lätt för att tycka synd om sig själva. Om de någon gång gråter är det med all sannolikhet av just den anledningen! De känner ingen ånger. De blir inte nervösa eller rädda i socialt obekväma situationer, till exempel om de riskerar att bli påkomna som lögnare eller tjuv på arbetsplatsen eller om de gör något annat som anses omoraliskt eller olagligt. De skäms inte. De har ingen mänsklig anständighet. De bryr sig inte om andra överhuvudtaget. Varför? För det ligger inte i deras natur.

Djupa, abstrakta ord som kärlek, tillit, hänsyn, respekt, löfte, vänskap, lojalitet, osjälviskhet, moral, ånger och samvete betyder ingenting för en psykopat. Varför? För att de är ur stånd att förstå den sanna innebörden i dessa ord. De har ingen referensram, ingen personlig erfarenhet eller verklighet att grunda någon förståelse på; på samma sätt som ett lejon inte kan förstå att det är synd om ett byte eller en person som varit blind sedan födseln inte kan förstå vad färger är. Psykopater saknar kort sagt de finare egenskaper som gör oss människor till just människor.

De har som regel också lite om ens något behov alls av djupare mänsklig samverkan som att dela med sig av sina innersta tankar, eller behov av ömma former av fysisk-emotionell interaktion som att kramas eller smekas. Sex kan de dock känna behov av eftersom det inte måste innebära känslomässig interaktion med en annan människa.

Psykopater ser sig dock inte själva som annorlunda och tycker inte heller att det är något fel på dem. De utgår från att alla andra är som dem. Och om man tänker efter — varför skulle de egentligen tro något annat? Vi ”normala” människor utgår oftast automatiskt från att andra har samma behov som oss, av kärlek, vänskap, respekt, uppmuntran, känslomässigt stöd och tillit — ord som inte betyder något för en psykopat.

9. Har psykopater överhuvudtaget några normala relationer med andra människor?

Nej det kan man inte påstå. Man kan säga att en psykopat medvetet eller omedvetet delar in folk i tre kategorier. 1) Sådana de anser sig ha nytta av och som de faktiskt behandlar relativt väl eller till och med med silkesvantar — så länge de har nytta av dem. 2) Sådana de anser sig inte ha någon nytta av och som de följaktligen inte bryr sig om alls. 3) Sådana de upplever motarbetar dem eller helt enkelt inte gör som de vill och som därför blir betraktade och behandlade som fiender av psykopaten. Det finns alltså ingen kärlek eller vänskap eller lojalitet här; ingen ömsesidig normal relation. Det enda som räknas är hur psykopaten själv vill ha det.

Som ett resultat av detta kan en psykopat utan förvarning tvärt avsluta en vänskap eller ett kärleksförhållande om de inte längre tycker sig ha någon nytta av personen. Det finns alltså ingen vänskap eller något kärleksförhållande för en psykopat. Det finns bara en "affärsrelation", där "pengarna" representeras av den nytta de har av dig — och om "affärsrelationen" inte drar in tillräckligt mycket "pengar", det vill säga om de inte får ut tillräckligt av dig, avslutar psykopaten relationen. Så enkelt är det för en psykopat.

10. Vilka yrken söker sig psykopater helst till?

En del psykopater inser eller känner av olika anledningar att de inte kommer att klara av ett vanligt jobb och slår därför in på brottets bana och blir kriminella, eller så nöjer de sig med att vara utan jobb och försöker leva på någon annan. Resten väljer ofta yrken som kräver snabba och tuffa (läs känslokalla) beslut, som exempelvis chef, eller väljer de "ensamjobb" som inte kräver att de har så mycket med andra att göra (eftersom psykopater i grund och botten är osociala). Gravare psykopater kan mycket väl välja ett yrke där de ser en möjlighet att missbruka sin maktposition, som exempelvis högre chef, polis, politiker, domare, etcetera.

Märk väl att jag inte påstår att alla människor i ovanstående yrkesgrupper är psykopater. Vad jag menar är att många psykopater *dras till* eller *föredrar* maktyrken och att en del gravare psykopater ser en möjlighet att få utlopp för sin hunger efter korrumperad makt i dessa yrken.

Ibland kan man läsa påståenden som att psykopater ofta är mer kreativa och därmed lämpliga som idésprutor eller att de på grund av deras kallblodiga och skoningslösa natur är lämpliga som soldater eller lönnmördare. *Om* en fullblodig psykopat tar livet av någon så håller jag med om att han med största sannolikhet gör det med lika lite samvetskval som när vi andra smäller ihjäl en fluga. Problemet är dock att en sådan lönnmördare vore helt oberäknelig och med deras totala brist på samvetskval skulle de lätt kunna vända sig mot sin egen uppdragsgivare eller mot sitt eget land om de tjänade något på det. Att hävda att vissa yrken är mer lämpliga för psykopater är dessvärre inget mer än naivt önsketänkande och kan till och med vara farligt. Praktiskt taget alla yrken inbegriper någon form av interagerande med andra människor och kräver därmed en viss grad av insikt i och respekt för mänskliga behov. Dessutom kommer vi inte ifrån det faktum att en psykopat endast tjänar sina egna syften, vilket rimmar illa med en anställning för att "tjäna andra" — ett begrepp som helt enkelt inte är begripligt för en psykopat, mer än ordet "tjäna" i betydelsen att där finns en möjlighet att tjäna pengar.

11. Hur kommer det sig att en psykopat bryr sig så lite om andra och andras känslor?

För en psykopat är livet som en dödligt allvarlig tävling där var och en får klara sig bäst de kan. Det finns inget lagarbete utan man får slå sig fram med armbågarna tills man når mål, och bara den starkaste kan vinna. Därför ser psykopater det som att de bara behöver tänka på sig själva och sina egna behov, det vill säga att vinna "livets lopp" genom att till varje pris få sin egen vilja igenom.

Se det från en psykopats synpunkt för ett ögonblick: Om DU spelade fotboll och den som gör flest mål får en miljon kronor, och ingen gjorde något försök att stoppa dig när du kom springandes utan bara lät dig ha bollen — skulle du då stanna upp och fråga dem varför? Och om du gjorde mål, vilket inte torde vara så svårt under de omständigheterna, hade du fått dåligt samvete? Nej, jag trodde väl det. De hade helt enkelt fått skylla sig själva — och det är precis så en psykopat ser det!

Sårade känslor är något som en psykopat helt enkelt inte kan förstå hos andra. En psykopat känner sig knappast sårad om någon behandlar dem illa. Att känna sig sårad, för att inte tala om ledsen, är en känsla som är för mjuk för en psykopats känsloregister. De blir *förolämpade* och *arga* istället, och ser personen i fråga som en fiende som djupt kommer att få ånga vad de gjort eller sagt. Som ett resultat av denna bristande insikt i andra människors känslor ser inte en psykopat det som att de sårar någon genom sina ord eller sitt handlande, utan bara som att de varit smarta nog att "vinna". Och om du själv inte reagerar på samma sätt som de hade gjort (med ilska) så antar de helt enkelt att de har vunnit rättvist och ger sig själva en klapp på axeln.

12. Varför och hur manipulerar psykopaten dig och andra?

En psykopat använder som regel olika former av manipulation för att få vad de vill ha. Det kan röra sig om något de vill ha hjälp med eller något de vill veta, men de kan också vara ute efter att "låna" pengar eller få hjälp med att göra något olagligt. Eller kanske de vill ha sex — på deras villkor naturligtvis. Men oavsett vad de är ute efter använder sig psykopater av sin ofta kusliga förmåga att studera eller läsa av folk. De gör detta av tre anledningar: 1) För att upptäcka vem de kan ha nytta av, grundat på just den personens makt, inflytande, tillgångar, talanger, utseende, etcetera — vad nu psykopaten anser sig ha nytta av. 2) För att upptäcka psykologiska svagheter hos andra — svagheter som sedan kan utnyttjas och exploateras. 3) För att iaktta hur andra eventuellt lyckas kontrollera eller övertala personen ifråga, i syfte att själva få tips om hur personen kan manipuleras.

När psykopaten väl sett ut någon som de kan använda för sina egna syften är det dags för det typiska psykopat-arbetssättet: Psykologisk manipulation genom påklistrad charm och vänlighet. Av erfarenhet har de lärt sig att charm och vänlighet (eller rättare sagt det de uppfattar som charm och vänlighet — kom ihåg att de egentligen inte vet vad dessa begrepp innebär på djupet) ofta är det bästa sättet att få människor att göra det de vill de ska göra. Om de exempelvis vill ha sex kan de påstå att de är kära och uppvisa ett beteende som de dragit slutsatsen att kära personer uppvisar. Nu förstår du varför en psykopat kan verka förvånansvärt charmig och vänlig — ofta charmigare och vänligare än de flesta — så länge de får som de vill.

Om deras charmförsök inte går som planerat — om de inte får sin vilja igenom trots uppvisad charm — tar psykopaten till sina väl inövade psykologiska knep och spelade känslor. De kan börja överösa dig med komplimanger och vädja till din logik genom att lägga fram mer eller mindre logiska argument, och om det inte heller skulle fungera så börjar de tjata. Om tjat inte fungerar börjar de kanske bönfalla eller vädja. I detta läge kan man faktiskt inte med säkerhet veta om man har med en psykopat att göra eller med en icke-psykopat som verkligen är desperat. Det är vad personen gör *efter* detta som visar om det kan vara en psykopat eller ej. En icke-psykopat som verkligen är desperat hade säkert blivit väldigt ledsen eller arg och kanske sagt något upprört som speglar deras desperation och sedan gett upp. En psykopat ger däremot inte upp så lätt. Om det inte fungerar att bönfalla eller vädja kanske de tar till krokodiltårar eller lovar guld och gröna skogar bara du gör som de vill. Naturligtvis vet de inte vad lova innebär, annat än att ordet brukar vara effektivt när det gäller att övertala folk. Skulle inget av det fungera så faller psykopaten som den emotionellt endimensionella varelse de är tillbaks till den enda känsla/emotion de inte behöver låtsas, nämligen fientlighet. Eftersom fientlighet yttrar sig som ilska/aggression kan de i detta läge bli aggressiva och till och med börja hota dig på olika sätt. Psykopater har dock olika lång stubin. De med kort stubin kan skifta till öppen fientlighet på ett ögonblick om du uppvisar det allra minsta motstånd mot dem medan de med större självkontroll provar andra manipulationsmetoder först, så kallad dold fientlighet, innan de visar öppen fientlighet. En del kan till och med *spela* arga utan att de är det och använda det för att sätta skräck i någon snäll person som de vet lätt blir skrämd av andras ilska, i syfte att få sin vilja igenom.

13. Varför och hur inleder en psykopat ett romantiskt förhållande?

Med den kunskap och insikt du nu besitter om psykopater frågar du dig kanske varför en psykopat, som ju inte har några behov av djupare känslor eller normal mänsklig interaktion, överhuvudtaget skulle gifta sig eller ens inleda ett romantiskt förhållande. Skulle inte det bara beröva dem deras frihet att göra som de vill? Nja. För det första har de inte för avsikt att uppfylla några äktenskapslöften. Kom ihåg vad jag skrev om deras oförmåga att förstå innebörden i ord som löfte, kärlek, tillit, etcetera. För det andra är skälet till att de inleder förhållandet inte att ha någon att dela livet eller ålderdomen med eller ens någon att dela sina innersta tankar med (eller någon annan fin eller romantisk anledning som du kan läsa om i kärleksromaner). Nej, de ser helt enkelt *praktiska fördelar* med ett sådant förhållande. Det kan vara att partnern är rik, berömd, mäktig eller inflytelserik. Eller mer jordnära saker som att de ser partnern som en vacker trofé som de kan visa upp sig tillsammans med och därigenom höja sin egen sociala status. Det kan också vara för att ha någon som sköter om huset eller större ägor eller att ha som älskare/älskarinna. En annan, mörkare och mer ondskefull anledning är ifall de är sadistiskt lagda och har för avsikt att förnedra sin partner psykiskt och känslomässigt, och kanske till och skada dem fysiskt. Nu undrar du kanske vad de skulle få ut av det? Jo, för att den makt de känner att de då har — makt att förnedra eller skada sin partner närhelst de behagar och på vilket sätt de vill — får dem att känna sig fantastiskt bra till mods.

Nu vet du varför. Då återstår hur. Hur bär sig en psykopat åt för att snärja sitt offer? Om det rör sig om en kvinnlig psykopat och ett manligt offer är hon inte sällan ute efter hans pengar. Då kan processen vara mycket enkel för det räcker ofta med att hon lockar med sex för att kunna manipulera honom. Det kan naturligtvis också röra sig om en samkönad situation men för att förenkla det hela använder jag mig av den vanligast förekommande situationen, nämligen en manlig psykopat och ett kvinnligt offer.

Under de första månaderna är han väldigt trevlig och charmerande. Han vårdar sitt yttre och klär sig snyggt. Han uppvaktar henne, lyssnar uppmärksamt på henne, ger henne sin odelade uppmärksamhet, ler åt henne, överöser henne med kyssar och komplimanger och köper blommor och presenter åt henne. Han skriver romantiska kort och lägger dem så hon hittar dem under dagen och påminns om att han inte glömt henne. Han bjuder ut henne på restaurang, tar romantiska strandpromenader med henne och är en passionerad och romantisk älskare. Ja, kort sagt är det precis som i en kärleksroman.

När han väl lyckats göra henne förälskad i honom och han utgör hennes känslomässiga centrum börjar han systematiskt bryta ner hennes självförtroende och självkänsla — hennes värde som människa. Denna förändring kan ske över en natt eller också i små, nästan omärkbara steg. Han slutar lyssna på henne och slutar ge henne presenter och blommor. Istället för komplimanger ger han henne kritiska kommentarer om hennes utseende eller beteende och för att strö salt i såren börjar han kommentera hur snygga andra kvinnor är. Han tillbringar allt mindre tid med henne offentligt och hon får gå sina romantiska promenader själv. Älskogen blir mer och mer på hans villkor och inte alls lika romantisk som hon vant sig vid. Restaurangmiddagarna för två blir utbytta mot betydligt mindre romantiska hemmakvällar för tre (han själv, TV-n och ölen).

Beror detta antiklimax på att han inte känner likadant längre och börjat tvivla på sina känslor för henne? Nix. Faktum är att han inte har förändrats ett dugg. Han har bara börjat visa sitt sanna jag. Han har aldrig haft några känslor för henne. Allt var bara ett skådespel i syfte att göra henne kär i honom och därmed känslomässigt beroende av honom. Då frågar du dig kanske hur det kommer sig att han verkar veta precis vad en kvinna vill ha. Måste han inte verkligen förstå en kvinnas behov på djupet eller "känna in" hennes behov? Nej. Han har sannolikt läst om hur man uppvaktar en kvinna på nätet eller i någon bok och lärt sig alla knep. Ja, det är faktiskt så utstuderat och beräknat.

När han väl sänkt hennes självförtroende och självkänsla till den grad att hon inte längre anser eller känner att hon är värd något som kvinna eller ens som människa börjar han att styra och kontrollera henne genom isolering. Han börjar säga åt henne vad hon får göra och inte göra, vart hon får gå och inte gå samt när. Han börjar systematiskt tala illa om hennes vänner och familj inför henne så att hon mer och mer ska lita på och anförtro sig till honom istället för till dem. Han börjar bestämma vem hon får träffa eller prata med, samt var och när. Han kan också börja införa husregler om hur allt ska utföras, rengöras och placeras. Slutligen isolerar han henne totalt genom att vägra låta henne träffa någon annan än honom själv. För att kontrollera henne kan han också ingjuta *rädsla* i henne, genom hot om våld eller genom faktisk våld. Efteråt kan han (låtsas) ångra att han slagit henne och lova att aldrig göra om det, men det är ett löfte han aldrig håller eller ens har för avsikt att hålla eftersom han iskallt konstaterar att hon är lättare att kontrollera om han slår henne.

Varför vill då psykopaten till varje pris isolera henne? Jo, så att han och endast han utgör hennes känslomässiga och psykologiska centrum. På så sätt kan han nämligen kontrollera henne. (Religiösa sekter använder samma metod för att isolera sina medlemmar fysiskt och psykologiskt så att de kan kontrollera deras tankar och åsikter — eller "hjärntvätta" dem.) Varför vill han kontrollera henne? För att "ömsesidig respekt" och "hänsyn i ett förhållande" är begrepp som en psykopat faktiskt inte kan förstå. Han kan inte föreställa sig ett förhållande på något annat sätt än total och ensidig kontroll från hans sida. Det är det som är naturligt för honom. Och han utgår högst sannolikt från att andras förhållanden är precis som hans; eller rättare sagt borde vara om mannen är en "riktig man".

14. Är psykopater överhuvudtaget öppna för någonting som andra har att säga?

Nej, det kan man inte påstå. Såvida du inte är expert inom ditt område och kan komma med upplysningar som de tror sig ha nytta av är de generellt sett inte öppna för idéer eller förslag från andra. Psykopater vet nämligen alltid bäst, och är därför intressant nog själva inte mottagliga för den övertalning och manipulation som de utsätter andra för. Därför betraktar de normalt sett diskussioner som meningslöst babbel. Det enda babbel de gillar är det som kommer från deras egna munnar, vanligen i form av skryt eller försök att manipulera eller övertala.

15. Vad orsakar psykopati?

Tvärtemot vad en del tror så beror psykopati inte på en svår barndom eller dålig uppväxt. Det finns åtskilliga exempel på att ett av barnen i en syskonskara är psykopat men inte de andra, trots i princip samma uppväxtförhållanden. Att hävda att psykopati beror på en dålig uppväxt bygger på okunskap och är ett påstående som faktiskt har skapat stort lidande för många goda föräldrar som har tagit på sig skulden. I sin bok *Without Conscience* förklarar Robert D. Hare i kapitel 13 att ingenting pekar på att vare sig föräldrars beteende, uppväxt eller miljö orsakar psykopati. Däremot kan dessa faktorer *forma* en person som *redan är* psykopat. En bra uppväxt kan alltså göra så att psykopaten väljer en brottslig karriär fast utan våld, till exempel bedrägerier av olika slag, medan en uppväxt kantad av våld och otrygghet kan göra att psykopaten väljer våldsbrott och istället blir en allmänfarlig psykopat. Det finns dock även åtskilliga exempel på att våldsamma psykopater haft en helt normal uppväxt, så man kan inte skylla på föräldrarna i några av dessa fall.

Så vad orsakar psykopati? Jo, folk föds helt enkelt till psykopater. I sin bok *The Sociopath Next Door* förklarar Martha Stout i kapitel 7 att man till och med kan se en klar skillnad mellan en psykopathjärna och en vanlig hjärna genom en så kallad hjärnscanning (eller *single-photon emission-computed tomography* som den internationella vetenskapliga benämningen lyder). Hos icke-psykopater reagerar ett område i hjärnans yttersta lager (cerebral cortex) mätbart starkare på känslomässigt laddade ord som kärlek, hat, döda, förräderi, våldtäkt, smärta och lojalitet än vad det reagerar på neutrala ord som stol, hus, promenera, titta och äta. (Jag säger normalt sett, eftersom vissa personer på grund av traumatiska upplevelser kan hysa negativa associationer till neutrala ord.) Hos psykopater syns emellertid ingen skillnad alls i hjärnans reaktioner oavsett ord. Deras hjärna reagerar således på samma kalla och neutrala sätt både på *mörda* och *stol*. Och om en psykopat ombeds lösa en uppgift som inbegriper känslomässiga ord behöver deras hjärna "kalla på förstärkningar" genom att aktivera tinnings-loberna vilka normalt sett bara kopplas in för att lösa relativt svåra och invecklade intellektuella och matematiska problem. Som du ser är det alltså teoretiskt sett fullt möjligt att "avslöja" en psykopat genom en så relativt enkel process som en hjärnscanning. Huruvida denna möjlighet faktiskt kommer att tas i bruk i framtiden är mest en fråga om etik och politik. Under tiden kanske Hollywood passar på att göra en science fiction-film där alla människor tvingas genomgå en hjärnscanning och "icke godkända" (det vill säga psykopater) raskt forslas bort till inhägnade områden där de får klara sig bäst de kan.

16. Är psykopati ärftligt?

Nu när vi fastställt att psykopati är medfött återstår frågan om det också är ärftligt. Uppstår psykopati hos ett barn för att en eller båda föräldrarna bär på psykopat-gener?

Eller uppstår det av slumpen? Det närmaste vi kan komma ett officiellt svar på denna fråga är "Psykopati tenderar att ligga i släkten och är sannolikt ärftligt. Miljön har sannolikt även viss inverkan." (Översatt från *Are there meaningful etiological differences within antisocial behavior? Results of a meta-analysis.* Clin Psychol Rev 29: *163–178,* Burt SA, 2009.) Detta är förvisso något vagt uttryckt — tenderar, sannolikt, viss inverkan — men vi kan ändå dra slutsatsen att psykopati är mer vanligt förekommande inom familjer där psykopati redan förekommer. Barn till en psykopat löper alltså större risk att själva bli psykopater på grund av att föräldern överför sina gener till sin avkomma.

I övrigt kan vi bara spekulera i hur det kommer sig att vissa föds till psykopater. Enligt moderna rön ansvarar den paleolimbiska delen av hjärnan för gruppens överlevnad medan den allra äldsta delen, den så kallade reptilhjärnan, ansvarar för individens överlevnad. Kanske är det så att psykopati orsakas av en medfödd obalans i den paleolimbiska delen så att individen struntar i gruppens överlevnad och bara bryr sig om sin egen? Eller kanske psykopati är en genetisk rest från någon utdöd människoliknande ras vars hjärnor av naturen var psykopatiska? De flesta människor idag bär faktiskt på genetiska rester från Neandertalare, så varför inte även från andra raser? Ett annat intressant faktum är att alla nyfödda är programmerade att bara ta hänsyn till sina egna behov, vilket ju också är psykopatens synsätt. Det är först när barn blir äldre som de normalt sett också anpassar sig till andras behov. Kanske hjärnan hos en psykopat aldrig utvecklats från detta första egoistiska stadium? Men allt detta är bara mina egna spekulationer. Man vet inte med säkerhet varför vissa föds till psykopater.

17. Kan barn vara psykopater?

Att nämna psykopati i samma mening som barn är känsligt. Sett utifrån en strikt psykiatrisk synpunkt kan diagnosen psykopati ställas först från 18 års ålder. Om någon yngre än så uppvisar psykopatiska symptom är den korrekta benämningen på det egentligen beteendestörningar eller beteenderubbningar, inte psykopati. Detta beror på att det aktuella beteendet inte med nödvändighet kvarstår i vuxen ålder. Det kan nämligen vara så att det bara är en fas de går igenom, så att klassificera det som psykopati är fel och kan medföra negativa konsekvenser för familjen. På sin höjd kan psykopatiska symptom hos personer under 18 års ålder betraktas som *förelöpare* till psykopati.

Med dessa fakta i åtanke är det naturligtvis också så att psykopati inte är något som plötsligt uppstår på någons 18-årsdag. Eftersom psykopati är medfött kan beteendet mycket väl yttra sig redan i barndomen, ofta i form av rena elakheter eller direkt fysiskt våld mot syskon eller andra barn i dess närhet. De flesta barn kan väl göra elaka saker ibland, men ställt mot andra barns elakheter framstår ett psykopatiskt barns handlingar som betydligt mer utstuderade och planerade, inte spontana som icke psykopatiska barns handlingar ofta är, och de visar heller ingen ånger efteråt. Om en vuxen förklarar för ett psykopatiskt barn varför de inte ska vara elaka så kan de inte förstå varför eller så bryr de sig helt enkelt inte. Att slå ett annat barn och att slå på en docka — båda sakerna är ungefär samma sak för ett psykopatiskt barn. Och varför ska de tycka synd om ett barn de slår på om de inte tycker synd om en docka de slår på? Att plåga eller till och med ta livet av djur, alltifrån insekter till kaniner och katter, kan också ses som ett kul tidsfördriv. Om någon kommer på dem har de ingen som helst förståelse för varför de inte ska göra så och de har heller inget dåligt samvete för det. Sexuell brådmogenhet är ett annat möjligt symptom. Barn kan hysa en naturlig nyfikenhet på sin egen kropp långt innan de nått puberteten men psykopatiska barn skiljer sig från andra genom att de kan använda sexualitet som ett sätt att mobba eller manipulera andra. Robert D. Hare förklarar i sin bok *Without Conscience* att en psykopatisk pojke kan utsätta andra barn för sexuella övergrepp i form av mer eller mindre aggressiv sexuell beröring, utan hänsyn till deras känslor. En psykopatisk flicka är vanligtvis inte aggressiv i detta hänseende. Det är mycket mer sannolikt att hon istället har upptäckt att hon kan dra fördel av sin sexualitet — eller rättare sagt sättet hon uppfattar sig själv på som en sexuell varelse, det så kallade Lolita-syndromet — och använda detta som en maktfaktor för att kunna manipulera andra, även vuxna. (Detta faktum kan eller får naturligtvis aldrig rättfärdiga att en vuxen skyller på att ett barn lockade dem till sexuella handlingar.)

Beteendet brukar förvärras i tonåren, oftast i form av rent brottsliga handlingar. Ställt mot vanligt tonårsbus framstår psykopatens beteende återigen som betydligt mer utstuderat. Ofta tar de initiativ till brott eller blir gängledare. Ibland låter de andra utföra brotten åt dem men är själva hjärnan bakom det hela, utom räckhåll för rättvisan. Det är emellertid långt ifrån alla tonåringar som hamnar i klammeri med rättvisan som är psykopater. Många har helt enkelt hamnat i fel sällskap, inser att de gjort fel, ångrar sig djupt och ändrar beteendet till det bättre. Men inte psykopaten. För de anser inte att de har gjort något fel och behöver därför inte ändra sig.

18. Är psykopater psykiskt sjuka?

En av de främsta anledningarna till att Svea Rikes Lag finns till överhuvudtaget är just förekomsten av psykopater. Det är ju genom psykopaters totalt egoistiska beteende som vanligt, hederligt folk upptäckt att det behövs lagar som stävjar asocialt beteende. De flesta experter skulle dock inte ens överväga att förklara en psykopat psykiskt sjuk såvida han inte exempelvis begått ett extremt våldsbrott. Att nämna orden psykiskt sjuk i samband med psykopati är känsligt i dagens samhälle. Inte bara av medicinska skäl utan kanske främst av rättsliga och politiska skäl. Ett exempel är personer som man kan läsa om eller se i media som lämnat känslomässiga och psykiska vrak bakom sig — människor som de på olika sätt har utnyttjat, lurat, duperat och manipulerat. Att hävda att den personen är psykiskt sjuk är rättsligt riskabelt; man riskerar att anklagas/åtalas för förtal eller grovt förtal om man sprider nedlåtande uppgifter om andra. Och även om det *skulle* räknas som en psykisk sjukdom, var skulle lagen i så fall dra gränsen för hur mycket någon ska tillåtas utnyttja, manipulera eller såra andra innan det blir olagligt? Och hur ska man i så fall mäta det? Av dessa anledningar är det i praktiken omöjligt för lagen att göra något annat än att förhindra destruktiva handlingar. Av dessa anledningar vore *moraliskt sjuk* i så fall en mer korrekt benämning.

19. Är psykopater onda?

Det stämmer att psykopater normalt sett lämnar efter sig en rad av människor som de på olika sätt utnyttjat, bedragit, lurat och manipulerat. Men det betyder inte att de *vill* eller har för *avsikt* att åsamka andra så mycket lidande som möjligt. De bryr sig bara inte om andra; det ligger inte i deras natur att göra det. Drivs ett lejon av ondska när det dödar ett annat djur? Nej, det är nog väldigt få som skulle påstå det. Varför? Jo, för att lejonet dödar för att överleva. Det ligger i lejonets natur. På samma sätt ligger det i psykopatens natur att inte bry sig om andra.

Innebär detta att en psykopat är ond? Det beror faktiskt på hur man definierar ondska hos en människa. Om man definierar det som fullständigt likgiltig inför andra människor, ja, då är psykopater onda. Om man å andra sidan definierar det som att avsiktligt och medvetet vilja skada och såra andra människor, ja, i så fall vore en vanlig psykopat inte ond.

Jag skriver *vanlig* psykopat, eftersom det också finns grava psykopater med sadistiska tendenser som faktiskt njuter av att åsamka andra känslomässig och/eller fysisk smärta. En viktig sak i sammanhanget är att alla sadister är psykopater, men alla psykopater är inte sadister. (Frivilliga så kallade sado-masochistiska aktiviteter mellan vuxna räknas inte till denna kategori.) Somliga förknippar också felaktigt ordet psykopat med engelskans *psycho* i bemärkelsen en farlig och sinnessjuk människa, inte sällan en seriemördare. Säkerligen har filmer som Alfred Hitchcocks klassiker *Psycho* från 1960, *The Shining* från 1980 med Jack Nicholson i den oförglömlige huvudrollen och *American Psycho* från 2000 påverkat folks uppfattning om "psycho-pater". Kan man rätteligen kalla dessa sadist-psykopater onda då?

Återigen är det inte riktigt så enkelt. Det beror faktiskt på *anledningen* till att de beter sig som de gör. En psykiatriker/hjärnforskare skulle sannolikt förklara det på så sätt att när de ser någon lida eller själva får någon att lida utlöses "må-bra-hormoner", till exempel endorfiner och dopamin, i deras hjärna. Här går dock åsikterna isär om huruvida de i så fall har någon kontroll och kan välja att höja sig över sina impulser för att de vet att det de vill göra är fel, eller om de precis som lejonet är slavar under sin programmering. Somliga menar att de inte har något val. Andra menar att en sådan person är en själ som fortfarande har ett val och om de ger efter för impulserna är det en ond själ; att onda själar föds till psykopater och att deras hjärnor därför anpassas till själen, och att dessa själar måste lära sig konsten att ge uttryck för och ta emot kärlek, oftast under loppet av flera liv (reinkarnation/återfödelse).

Som du kan se kan begreppet ondska vara svårt att definiera och svaret beror till stor del på vem man frågar. (Om du frågar mig anser jag att dessa till synes motstridiga förklaringar, biologisk kontra andlig, mycket väl går att kombinera.) Men hur man än vänder och vrider på det kan man likna en psykopat vid ett rovdjur i mänsklig skepnad. Och oavsett om vi kallar psykopater onda eller inte är resultatet av deras handlingar alltid detsamma — att andra blir lidande.

20. Går psykopati att bota?

Nej. Psykopati är ingen sjukdom i den bemärkelsen att det är ett fel som uppstått och som går att bota. Trots "neuroplasticitet" (hjärnans förmåga att omorganisera sig själv efter personens tänkande, inlärning och agerande) är psykopater oförbätterliga. De ändrar inte sitt beteende till det bättre. Om de säger att de ska bättra sig eller har kommit på bättre tankar eller blivit frälsta eller något i den stilen är det bara tomt prat i syfte att manipulera eller helt enkelt få tyst på någons "tjat". De vet nämligen inte vad det skulle innebära i praktiken att bättra sig, lika lite som du skulle fatta vad någon menade om de ville att du ska "kaprisera" dig. Det ligger inte i deras natur att vara som vi andra och de har heller ingen inbyggd norm för vad de flesta av oss anser vara normalt. Det förekommer rapporter om att psykopater kan bli mindre psykopatiska med åldern. Om så sker kan det, i alla fall till viss del, förklaras med att mängden testosteron naturligt minskar hos män med åldern och att aggressivt beteende därmed också minskar — vilket inte nödvändigtvis betyder att graden av psykopati också minskar.

Kapitel 2 — Kompletterande tester för privat bruk

Som jag skrev i prologen är det till stor fördel för dig att veta om någon har psykopatiska drag *innan* du utvecklar en djupare relation, exempelvis ett romantisk förhållande, en vänskapsrelation eller när du ska anställa eller samarbeta med någon i affärssammanhang. Mycket står ju på spel; ditt psykiska och känslomässiga välbefinnande, din tid, din energi, dina pengar, och kanske även ditt hjärta.

Kapitel 1 ger dig den grundläggande förståelsen för vad en psykopat är. Kapitel 2 (detta kapitel) ska ses som ett komplement till kapitel 1 och kan vara till hjälp i de fall där du inte är riktigt säker på om en person har psykopatiska drag. Du kanske har på känn att något är fel hos personen men är inte riktigt säker på om det rör sig om psykopati eller om han/hon bara är lite udda men harmlös.

Även om psykopatiska drag normalt sett är raka motsatsen till de drag du letar efter i en vän eller partner vill jag understryka att det viktigaste som privatperson inte är att fastställa graden av just psykopati utan snarare graden av *lämplighet* som just vän eller romantisk partner eller affärspartner, och hur stor *hänsyn* personen tar till dig och dina behov. Därför ligger fokus i detta kapitel på lämplighet, inte på graden av psykopati.

Till att börja med vill jag avråda dig från att ge dig in i ett seriöst romantiskt förhållande innan du träffat personens familj och närmaste vänner. Om du märker att personen aldrig självmant nämner sin familj eller sina vänner så föreslår jag att du frågar om det och även ber att få träffa dem.

Samma sak gäller för en affärsrelation. Jag rekommenderar inte att du ger dig in i en viktig affärsrelation innan du har pratat med personens tidigare kollegor. Om han/hon påstår sig ha arbetat för en viss arbetsgivare eller arbetat ihop med en affärspartner tidigare så är det relativt lätt för dig att kontakta dem för att få det verifierat. Om två personer har jobbat ihop i affärssammanhang men avbrutit samarbetet så beror det naturligtvis ibland på att de inte kom överens och därför nu pratar illa om varandra. Då är det viktigt att du kollar upp din tilltänkta affärspartner med fler personer så att du ser om det är ett mönster eller bara någon enstaka händelse. En person som i princip har åsikten att "alla är idioter" bör du självfallet akta dig för.

Om du som privatperson misstänker att någon är psykopat så är det en mindre lyckad idé att gå fram till dem och säga "Hej, jag misstänker att du är psykopat, så går det bra om jag ställer några enkla frågor för att testa dig?" Om de inte anser att de har något att vinna på det så skulle de heller inte låta sig analyseras av dig. Och skulle de anse att de hade något att vinna på det så hade de självfallet gjort allt för att manipulera dig. Jag har därför på egen hand utarbetat åtta tester för privat bruk som vem som helst kan använda utan att väcka några direkta misstankar. Jag har inte placerat dem i någon speciell ordning så du kan fritt välja vilken av dem som du tycker är lämplig i varje given situation.

Test 1 När personen ifråga vill att du ska göra någonting, säg då vänligt men bestämt nej. Stå sedan fast vid ditt nej och notera hur personen reagerar. Det kan röra sig om något enkelt som att utföra något på ett speciellt sätt, eller om något stort; det spelar ingen roll för testet. (Naturligtvis finns det undantag då det är uppenbart att du bör göra som personen säger, exempelvis om det är din chef eller en myndighetsperson — använd ditt omdöme och sunda förnuft.) En normal person skulle kanske fråga dig varför du inte höll med, lyssna på dig, och om de insåg att deras förslag inte är det bästa för dig hade de slutat att insistera. De hade satt ditt bästa främst. Du hade känt dig hörd och bekräftad, inte överkörd på något sätt. Men en psykopat gör inte så. De ser inte saker och ting från din synpunkt, bara från sin egen. De tänker bara på vad som är bäst för dem. Om du säger nej blir de därför arga eller börjar manipulera dig med psykologiska knep — be, tjata, gråta eller till och med hota — tills du ger efter för deras vilja. (Se kapitel 1 punkt 12 *Varför och hur manipulerar psykopaten dig och andra?*)

Test 2 Nämn någon nyligen inträffad eller äldre allmänt känd händelse som inbegriper mänskligt lidande, eller berätta om något dåligt/oturligt som du råkat ut för nyligen. Förvänta dig inte mycket äkta medkänsla, empati, inlevelseförmåga, kärlek eller förståelse från en psykopat. Du kan också nämna någon välkänd känslomässig film som "alla" sett eller berätta om en bok du har läst som betytt mycket för dig. Förvänta dig inte att en psykopat har förstått filmen ur ett djupare mänskligt perspektiv eller förstår vad du menar när du beskriver boken eller förklarar varför den betyder så mycket för dig. Förvänta dig inte ens att de har sett någon djupt berörande eller känslomässig film eller läst någon sådan bok överhuvudtaget. (Skulle de ha gjort det var det förmodligen av misstag eller för att någon fick dem att göra det.)

Test 3 Berätta på ett respektfullt sätt hur de sagt eller gjort något som sårat dina känslor, och se hur de reagerar. (Detta förutsätter naturligtvis att du själv behandlar dem respektfullt.) Är det en psykopat kan du inte förvänta dig mycket förståelse. I bästa fall säger de kanske "Äh, det där var väl inget att hänga upp sig på", vilket betyder att de inte tar något ansvar och inte känner något dåligt samvete alls. I värsta fall blir de arga och vräker ur sig ännu värre saker — men då vet du ju åtminstone var du har personen ifråga. Om de å andra sidan ber om förlåtelse och du känner äkta förståelse och medkänsla från dem så är det naturligtvis ett bra tecken. Det viktiga här är dock deras fortsatta beteende. Tar de större hänsyn i fortsättningen? Ändrar de sitt beteende till det bättre? Eller var det bara en falsk och påklistrad ursäkt för att få tyst på ditt "tjat"?

Test 4 Berätta om något (normalt och rimligt) känslomässigt behov du har som de inte har respekterat — exempelvis har personen kanske gjort narr av dig inför andra — och be dem sedan att upprepa exakt vad det är för behov du nyss bad dem ta hänsyn till (vad du vill de ska göra eller undvika i fortsättningen). Detta test avslöjar brutalt om de verkligen har lyssnat på dig eller bara låtsades lyssna. Psykopater är i allmänhet inga goda lyssnare, såvida inte någon kommer med upplysningar som de anser sig ha nytta av. Hur man tar hänsyn till andras behov betraktas inte som nyttig information av en psykopat; deras hjärna filtrerar istället (bokstavligen) bort sådan information som värdelös. Om de kan upprepa mer eller mindre ordagrant vad du har begärt av dem finns det alltså en chans att de verkligen har lyssnat på dig och att de tar hänsyn i fortsättningen. Det viktiga här är dock som alltid deras *fortsatta* beteende. Tar de större hänsyn i fortsättningen? Ändrar de sitt beteende till det bättre? Eller var det bara en mekanisk upprepning för att få tyst på ditt "tjat"? Om de å andra sidan inte kan återge vad det var du begärde av dem — om de bara stirrar tomt på dig eller kommer med ynkliga försök att minnas — ja, då har de tydligt visat att de struntar i dina behov. De kommer med största sannolikhet aldrig att behandla dig på ett sätt som du vill bli behandlad på eller anpassa sig till dina känslomässiga och psykologiska behov.

Test 5 Du kan använda dig av denna test om du har möjlighet att observera personen på deras arbetsplats eller i någon annan social situation där de regelbundet tillbringar tid med samma människor, exempelvis en vänskapskrets, grupp eller kurs. Själva principen är enkel. Bedöm eller ta reda på hur många som tycker illa om personen. Om du genom observation och/eller diskreta frågor drar slutsatsen att de är illa omtyckt av runt 70 procent eller fler så är det en röd varningslampa. Om det ligger på runt 50 procent kan det helt enkelt innebära att personen bara har väldigt bestämda åsikter om allting, vilket gör att en del tycker att personen är otrevlig och kall medan andra uppskattar att personen säger vad han/hon tycker. Kom ihåg att det inte ligger i en psykopats intresse att vara illa omtyckt av så många som möjligt. Det ligger i deras intresse att få sin vilja igenom, och om det innebär att köra över folk så må det vara hänt. En psykopat behöver alltså inte nödvändigtvis vara illa omtyckt av alla i sin närhet. Ofta är det några personer som de anser sig ha nytta av som de behandlar med silkesvantar, fjäskar för och till och med skryter om inför andra. (Inte för att de menar något av de säger utan för att de tror att detta gör att personerna fortsätter vara till nytta för dem.) Med tiden brukar dock antalet personer som tycker illa om psykopaten närma sig 100 procent eftersom allt fler genomskådar psykopaten och ser honom för vad han är; ett rovdjur i mänsklig skepnad som bara bryr sig om att vidmakthålla en trevlig relation med dig så länge han anser sig ha nytta av dig.

Test 6 Berätta för personen om ett beslut som du har fattat; ett beslut som du vet gagnar *dem* men inte dig. Här måste du se till att de helt och hållet förstår innebörden i ditt beslut, eller att det är personen själv som vid en eller flera tidpunkter har föreslagit det. Till exempel ”Jag har beslutat att ge upp mina planer på att [här nämner du vad du själv hade velat göra] och istället [här nämner du det de vill att du ska göra]”. Notera sedan hur de reagerar och om de överhuvudtaget verkar bry sig om vad *du* vill göra. (Här måste du naturligtvis vara på din vakt ifall de fattar att det är ett test och därför kanske överkompenserar genom överdrivna försök att få dig att tro att de vill ditt bästa.)

Test 7 Be personen om en tjänst och se hur de reagerar. Säger de nej direkt utan någon bra förklaring? Går de med på det men ber om en större tjänst i gengäld? Ber de inte bara om en större tjänst i gengäld utan kommer också med det i efterhand? Detta är allihop dåliga tecken som du måste vara vaksam på.

Test 8 Berätta om något som är uppenbart omoraliskt eller olagligt utan att på något sätt visa att du anser att det är fel och se sedan hur de reagerar. Det kan vara något som du (påstår att) du gjort eller som du sett eller hört. Du kan till exempel säga "Jag har kommit på ett sätt att parkera bilen gratis! Jag har köpt ett fejkat handikapptillstånd på nätet, det kostade inte så mycket, och igår var jag snabb och lyckade sno den sista platsen mitt framför ögonen på en handikappad snubbe. Haha, du skulle sett hans min, den var obetalbar. Han får ju faktiskt skylla sig själv, han var ju inte snabb direkt." Om personen skrattar på ett sätt som uppenbart antyder att han tycker det var smart gjort av dig (det vill säga inte bara ett forcerat litet leende av social artighet medan resten av hans ansikte egentligen visar förakt för dig) så är det förvisso ett psykopatiskt karaktärsdrag; men vad som kanske är ännu viktigare i sammanhanget är att han säkert inte är någon som du vill ha som vän eller affärspartner. Naturligtvis finns det också en risk att han blir chockerad över det du sagt och faktiskt tror att du är just en sådan person! Och ännu värre; att han sedan berättar för andra om vilken hemsk person du är. Därför bör du bara ta till just detta test om de övriga testerna av någon anledning inte har gjort dig säker och/eller om du vet med dig att du kan lugna ner honom efteråt och övertyga honom om att det bara var ett skämt. (Att berätta att du faktiskt misstänker eller misstänkte att han är en psykopat är ingen bra idé.) Om du väljer att göra detta test så tänk också på att vara ensam med personen så att du slipper att dessutom ha eventuella vittnen att lugna ner.

Utöver dessa åtta tester vill jag nämna ett par tips som Robert D. Hare nämner i kapitel 13 i sin bok *Without Conscience*. Enligt honom är det ett psykopatiskt tecken om en person verkar hitta dina *svaga punkter* alltför snabbt. Han varnar också för "ondskefulla ögon". Min egen kommentar om det sista tecknet är att det säkert är sant att många psykopater har ögon som är allt annat än behagligt att se in i, men jag är övertygad om att lika många har änglalika ögon för att kunna lura dig att tro på allt de säger. Men visst, det är klart att om någons ögon känns obehagliga att se in i så är det nog bäst att undvika de ögonen, och kanske även personen.

I sin bok *The Sociopath Next Door* ger Martha Stout också tips om detta. I kapitel 6 skriver hon att en kombination av destruktivt beteende och att du ska tycka synd om personen är ett vanligt tecken på sociopati. I kapitel 8 under rubriken *13 regler för att handskas med sociopater till vardags* skriver hon vidare att man bör vara misstänksam mot smicker.

Kapitel 3 — Att bemöta och handskas med en psykopat: Teori

1. Varför är psykopaten i ditt liv?

Psykopaten är i ditt liv här och nu på grund av att du medvetet eller omedvetet ger dem något de vill ha (stöd, hjälp, någon form av psykologisk belöning, etcetera) eller för att de är övertygade om att du kan ge dem det. Annars skulle de inte slösa sin tid på dig.

2. Hur handskas man med en psykopat?

Som du vet vid det här laget är en psykopat inte bara någon med en känslomässig störning eller någon som har lite svårt att relatera till andra. Nej, det sitter betydligt djupare än så. Man kan inte ”handskas” med en psykopat på samma sätt som man kan handskas med en arg eller upprörd person eller med någon som bara är allmänt svår att ha att göra med. Man kan inte heller hjälpa en psykopat att bli normal eftersom psykopatin är en del av deras natur. Vad du *kan* göra är att vara *medveten*. Det finns tre saker du bör vara medveten om när det gäller att bemöta och handskas med psykopater.

Det första du bör vara medveten om är psykopatens *natur*, så att du till fullo förstår vad du kan och inte kan förvänta dig av dem och därigenom undvika att bli konstant besviken, desillusionerad, sårad eller få ditt hjärta krossat. Du bör vara medveten om att psykopater faktiskt finns överhuvudtaget, att de *kan* vara farliga och att de varken *kan* eller *vill* förändras på djupet. Aldrig någonsin. Det är av största vikt att du läser och förstår *hela* denna bok, inte bara de delar som du tycker passar in på just din situation, så att du ser hela bilden när det gäller hur en psykopat tänker och agerar. Du kan också läsa andra seriösa böcker om psykopati avsedda för allmänheten. (Det finns, eller fanns, några få till på svenska men de flesta finns tyvärr bara på engelska.)

Det andra du bör vara medveten om är vad du själv kan göra för att undvika att säga eller göra saker som utlöser deras beteende, för att på så sätt minimera deras negativa inverkan på dig (se punkt 4 i detta kapitel).

Det tredje du bör vara medveten om är dina egna svaga punkter så du kan dölja dem. Psykopater är nämligen duktiga på att läsa av folk och dra nytta av deras svagheter. Hur blir man medveten om sina egna svagheter? Ett bra sätt är att fråga sin familj och sina närmaste vänner. Då kan de exempelvis säga "du är alldeles för snäll mot alla" eller "du är så godtrogen mot främlingar" eller "du vill alltid hjälpa alla i nöd utan att tänka på dig själv". Lyssna på vad de säger. Din familj och dina närmaste vänner är trots allt dem som känner dig bäst. Men i slutänden är det förstås du själv som måste bestämma om de har rätt och om du ska ändra ditt beteende.

3. Bör du ha kvar psykopaten i ditt liv?

En fråga du kanske med all rätt ställer dig själv i detta sammanhang är om det finns någon god anledning att ha kvar en psykopat i sitt liv överhuvudtaget. Det är en bra fråga och det är egentligen bara du själv som kan besvara den. Om du arbetar eller bor tillsammans med en psykopat eller har en psykopat i din familj eller din vänskapskrets så har du i grunden bara två valmöjligheter. Antingen lär du dig leva med personen genom att vara medveten om deras natur samt minimera deras negativa inverkan på dig, eller så bryter du helt kontakten med dem, oavsett om de tillhör din familj eller ej. Det är antingen eller.

Jag föreslår att du först provar med att försöka minimera deras negativa inverkan på dig, och om det inte går eller räcker så kan det vara läge att helt bryta kontakten med dem. Det finns förstås omständigheter där det ofta är enklare eller bättre att bryta kontakten, exempelvis om ett barn finns med i bilden och bör skyddas, och omständigheter där det kan vara svårare i praktiken att göra detsamma. Vi ska nu gå igenom dessa omständigheter och situationer steg för steg. Vi börjar med teori, och tar sedan upp praktiska exempel i nästa kapitel.

4. Hur du minimerar psykopatens negativa inverkan på dig

Om du befinner dig i en mer eller mindre påtvingad beroendeställning gentemot psykopaten (om det exempelvis rör sig om din chef eller arbetskollega) eller om det rör sig om någon som du förväntas umgås med då och då (exempelvis en nära familjemedlem) kan du först prova med att i så stor utsträckning som möjligt undvika att säga eller göra saker som du har märkt utlöser deras beteende (vilket kan vara rätt många saker, så skriv gärna en lista om du har svårt att minnas allt!) samt att uppträda så artigt och vänligt du överhuvudtaget kan.

Här är några exempel. Avbryt dem aldrig när de pratar. (Detta kan vara svårare än du tror, så du måste kanske bokstavligen bita dig i läppen ibland!) Undvik verbala konflikter. Detta åstadkommer du genom att (så långt som det överhuvudtaget är möjligt) låtsas hålla med dem i allt de säger; (låtsas) lyssna, nicka då och då och byt diskret samtalsämne vid första bästa tillfälle. Ge dig inte in i några diskussioner bara för att du inte håller med om vad de säger. (Naturligtvis finns det undantag där det är nödvändigt att du gör klart för dem att du inte håller med, exempelvis om det skulle påverka folks liv negativt — använd sunt förnuft.) Om du visar att du inte håller med helt och hållet kommer de med största sannolikhet att uppfatta det som att du direkt säger emot dem, och då kommer de också att på olika (mer eller mindre trevliga) sätt försöka pracka på dig deras åsikt tills de är säkra på att du håller med. En del psykopater nöjer sig kanske med att du säger "Ja ja, du har kanske rätt då", medan andra kanske argt utbrister "Kanske?! Vad då kanske?!"

Ett smart sätt att låtsas hålla med i det här sammanhanget är att använda den "magiska" och lugnande frasen "Det ligger något i vad du säger". Rent konkret innebär frasen just ingenting, men dess psykologiska kraft är ändå tillräcklig för att övertyga personens undermedvetna att du håller med. På så sätt ger du också psykopaten en känsla av att ha rätt vilket lugnar ner honom. Såvida du inte är formellt skyldig att lyssna på psykopaten, exempelvis om det är din chef, så byt samtalsämne direkt efteråt eller allra helst bryt ögonkontakten och avsluta konversationen. Om du inte bryter ögonkontakten kommer han förmodligen att fortsätta prata i tron att du vill höra mer. Du kan också använda denna fras för att lugna en psykopat som blivit mer eller mindre aggressiv på grund av att de blivit motsagda, till exempel inför andra — "Hör ni, det ligger faktisk något i vad han säger" varefter du raskt byter samtalsämne.

Anledningen till detta till synes totalt undergivna beteende från din sida är att det inte går att vinna ett argument med en fullblodig psykopat. De måste alltid ha rätt. Det går inte att möta dem på ett intellektuellt, jämlikt och respektfullt sätt. Det är alltid på deras villkor. Därför gäller det att välja sina strider och inte ta upp en verbal kamp med någon som du vet du kommer att förlora mot.

Om psykopaten å andra sidan är någon som du inte är direkt beroende av och inte vanligtvis tillbringar så mycket tid med kan du naturligtvis prova att stå på dig i dina åsikter och inte bara hålla med hela tiden. Om du vill kan du till och med prova att föra en diskussion med dem; försöka få dem att se saker ur din synvinkel eller försöka förklara varför du inte håller med. Jag påstår inte att det alltid är helt omöjligt att komma någon vart — alla psykopater är som sagt inte exakt likadana och en del kan vara mindre psykopatiska i just diskussionssammanhang. Det jag menar är att du inte bör ha några större förhoppningar. Om det faktiskt går att föra en diskussion så innebär det antingen att personen inte är psykopat utan bara "svår"; eller att det *är* en psykopat som av någon anledning manipulerar dig genom att låta dig tro att det *går* att resonera med dem.

5. Hur du bryter kontakten med en psykopat

Om du har kommit fram till att det bästa för dig är att helt bryta kontakten med en psykopat finns det två olika sätt att gå tillväga. Direkt eller gradvist. Det finns omständigheter där det bästa eller kanske enda valet är att bryta kontakten direkt, exempelvis om du misshandlas eller ett barn far illa.

Om du har en konfronterande, orädd och rättfram personlighet så kanske du känner dig frestad att helt enkelt göra klart för personen att du inte vill ha med dem att göra längre — att de kan fara och flyga. Men det är ofta smartare att göra det gradvist och mjukt. Kom ihåg att psykopaten är i ditt liv här och nu för att du medvetet eller omedvetet ger dem något de vill ha. Om de då får för sig att du aktivt motarbetar dem så kan detta intensifiera deras destruktiva beteende, och man vet aldrig vad en psykopat kan få för sig att göra i syfte att hämnas. Nej, ett bättre och mjukare tillvägagångssätt i detta fall är att istället förklara varför du inte längre *kan* hjälpa dem, varför det helt enkelt inte är *möjligt* för dig, och att du följaktligen inte längre är till någon *nytta* för dem. Om du kan övertyga dem om att du verkligen har förändrats på det viset så blir du bara en i mängden för dem. Då kommer de förhoppningsvis att lämna dig ifred och försvinna ur ditt liv (och därmed göra jobbet åt dig!)

Principen här går ut på att övertyga psykopaten om att du inte längre är till någon nytta för dem. Hur gör du det då? Jo, du fastställer vad det är du ger dem som de behöver eller vill ha, och kommer sedan på eller hittar på en bra och "vattentät" anledning till varför det inte är *möjligt* för dig att fortsätta med det längre.

Skälet du anger eller hittar på kan exempelvis vara någon svårtolkad lag eller regel eller en läkares muntliga råd (så att psykopaten inte kan begära att få se det skriftligt). Du kan också påstå att du totalt tappat intresset, att du lider av depression, har svår värk, någon smittsam sjukdom eller aldrig har tid över till någonting — vad som än krävs för att få dem att försvinna ur ditt liv och därmed rädda din egen psykologiska, känslomässiga och fysiska hälsa. (Detta ska naturligtvis inte tolkas som en uppmaning att göra något direkt olagligt.) Det kan hjälpa att du låtsas försöka väcka hans medömkan; att förklara med sorgsna ögon hur fattig du är eller hur klen hälsa du har. Som du vet är medömkan för de svaga inte en psykopats starka sida, så ju mer du försöker få dem att tycka synd om dig och din situation desto snabbare lär de vilja lämna dig ifred. För varför skulle de slösa sin tid på en "förlorare" som du när världen är full av lättlurade människor?

6. Barn och psykopater

Barnen är vår framtid. Det är de som kommer att skapa och forma samhället vi lever i när vi själva blir gamla. Att inte ta hand om barnen är att inte ta hand om vår egen framtid. Därför beslöt jag att skriva ett extra stycke, som inte finns med i min engelska bok, om varför barn är extra känsliga och mottagliga för intryck från vuxna. Informationen är baserad på fakta om hypnos. Alla, inte minst beslutsfattare, borde känna till detta och rättssystemet borde vara anpassat till det.

Fram till cirka 12 års ålder befinner sig barns hjärnor faktiskt i ett mer eller mindre hypnotiskt tillstånd. Detta är en rest från människans långa historia, där barn haft en fördel av att deras hjärnor tagit in information från föräldrar och andra vuxna effektivt, ungefär som man idag programmerar en dator. Framför allt upp till cirka 6 års ålder är barns hjärnor extra mottagliga för vad folk säger till dem. Då är deras hjärnvågor i djupt hypnotiskt tillstånd, det som kallas delta- och thetavågor, vilket faktiskt motsvarar sömn. Mellan cirka 6 och 12 års ålder befinner sig deras hjärnor i vad som kallas alfa, eller lätt hypnotiskt tillstånd. Först från cirka 12 års ålder kan man säga att hjärnan är fullt vaken (beta) och inte längre i ett hypnotiskt tillstånd. Underskatta dock inte "lätt hypnotiskt tillstånd" eftersom till och med i alfa har ord (det som inom hypnos kallas suggestioner) upp till 200 gånger starkare effekt än om personen som hör orden är i fullt vaket tillstånd (beta).

Detta innebär att barn är extra känsliga och mottagliga för vad vuxna säger till dem. Att säga till ett barn att det är värdelöst eller dumt eller odugligt gör alltså ett mycket djupare och starkare intryck än vad det normalt sett gör på en vuxen. Nu förstår du säkert varför en psykopat, som av naturen inte tar hänsyn till andra, är ett synnerligen dåligt umgänge för ett barn.

7. Hämndlystna psykopater

Här är ytterligare ett stycke som inte finns med i min engelska bok, delvis för att lagar skiljer sig åt i olika länder och vad som är lagligt i ett land kan vara olagligt i ett annat. I punkt 1*Varför är psykopaten i ditt liv?* i detta kapitel skrev jag att psykopaten är i ditt liv här och nu för att du ger dem något de vill ha. De kan ju också vara ute efter hämnd. Och det går naturligtvis inte att veta hur en psykopat kommer att reagera om du försöker sätta käppar i hjulet för deras hämnd. Det kan vara så att de ger upp men de kan lika gärna komma att trappa upp sina hämndförsök. Detta kan bli speciellt komplicerat och tragiskt när det exempelvis handlar om vårdnadstvister och barn är inblandade. Då bör du rådfråga en jurist. I övrigt finns det i princip ett oändligt antal sätt som en psykopat kan försöka hämnas på. Precis som när jag lär ut självförsvar vill jag här påpeka att privatpersoner inte har rätt att ta lagen i egna händer och ge igen eller hämnas. Endast staten har laglig rätt att "hämnas" och då kallas det straff eller påföljd.

En lösning kan vara att samla bevis. Som du lärt dig vid det här laget bryter psykopater mot lagar och förordningar med samma lätthet och självklarhet som de tar en kopp kaffe, om lagen ifråga hindrar dem på något sätt — och de ser ju heller ingen risk med sitt beteende. Om någon exempelvis uttalar hot mot dig personligen eller via telefon eller säger något som du vill spara som bevis bör du känna till vad lagen säger om inspelat bevis.

"Den som […] olovligen medelst tekniskt hjälpmedel för åter-givning av ljud i hemlighet avlyssnar eller upptager tal i enrum, samtal mellan andra eller förhandlingar vid sammanträde eller annan sammankomst, vartill allmänheten icke äger tillträde och som han själv icke deltager i eller som han obehörigen berett sig tillträde till, dömes för olovlig avlyssning till böter eller fängelse i högst två år." (https://lagen.nu/1962:700#K4P9aS1)

Eller på enkel svenska: Det är olagligt att spela in samtal om samtliga parter är omedvetna om inspelningen, men det är lagligt om du själv medverkar aktivt eller passivt, det vill säga om du bara lyssnar, i det samtal som du spelar in. Det finns alltså inga krav på att den andra samtalsparten måste vara medveten om att samtalet spelas in. Dessutom är det relativt lätt att fotografera eller filma pågående kriminella handlingar och lagbrott eftersom de flesta har sådana möjligheter i sin mobil.

Sedan är det upp till dig om och hur du använder beviset. Du kan välja att bara spara det för eventuellt framtida bruk, eller lämna över det till polisen med en gång. Båda sätten har sina nackdelar och risker, i och med att du har med en psykopat att göra. Om du väljer att spara det kan du också välja om du ska tala om för psykopaten att du har beviset. Att tala om det kan både vara det mest effektiva och det mest riskabla. I så fall bör du naturligtvis för din egen säkerhets skull spara beviset där ingen kan hitta det, och för att minska risken att psykopaten ska få för sig att skada dig eller göra något ännu värre kan du på "spionmanér" upplysa psykopaten om att skulle något hända dig så kommer någon annan att omedelbart skicka beviset till polisen.

Du måste alltså själv bedöma vad du ska göra. Framför allt ska du vara medveten om att det finns nackdelar och risker både om du passivt låter psykopaten hämnas och om du beslutar dig för att försöka hindra honom. Min officiella rekommendation är att rådfråga polisen och eventuellt jurister.

Kapitel 4 — Att bemöta och handskas med en psykopat: Praktiska exempel

Den relation du har gentemot psykopaten kan vara av privat eller icke privat natur och av frivillig eller ofrivillig natur. I detta kapitel kommer vi systematiskt att gå igenom alla fyra variabler — ofrivillig icke-privat (arbetsplats-relaterad), frivillig icke-privat (affärspartner), ofrivillig privat (familj/släkt) och frivillig privat (vän, make, maka, sambo, etcetera) — och ta en grundlig titt på vad du kan göra för att handskas med dessa olika situationer.

Tänk på att detta är endast exempel som är avsedda som en vägledning för dig, varken mer eller mindre. Använd ditt omdöme och anpassa exemplen till just din situation.

1. När du är psykopatens chef

Den lättaste situationen, åtminstone i teorin, är förstås när du själv besitter den formella makten; när det är du som är psykopatens chef. Som chef ligger det på ditt ansvar att din avdelning fungerar som den ska. Det är dessvärre högst sannolikt att psykopatens beteende i stor grad hindrar din avdelning från att fungera optimalt. Alla anställda, vilket även inbegriper dig som anställd chef/förman, kan göra fel och begå misstag då och då. Det är mänskligt. Det som skiljer psykopater åt är att när de gör fel är det ofta medvetet från deras sida för att de struntar i att följa regler och instruktioner. Ditt jobb som chef blir i det här fallet att ta reda på om de gör fel oftare än alla andra och i så fall varför.

Är du hundra procent säker på att de har förstått reglerna eller instruktionerna? Om inte, bör du instruera dem grundligt en sista gång och ge dem en ärlig chans att göra rätt. Efter det bör personen betraktas som fullärd och därmed fullt medveten om hur arbetet ska utföras. Om de trots detta inte utför arbetet som de ska eller fortfarande gör fel oftare än alla andra har det troligtvis, åtminstone till stor del, med deras psykopatiska läggning att göra. Du bör då ge en muntlig varning som är tydlig och bestämd men samtidigt respektfull och diplomatisk. Exempelvis "Om du [gör eller inte gör si eller så] så kan jag inte längre försvara dig inför ledningen, och då riskerar du att bli av med jobbet. Förstår du allvaret i detta?" Genom att vara tydlig med exakt vad det är du vill ha ändring på ger du dem en ärlig chans att bättra sig. Genom att hänvisa till ledningen (eller ägarna eller vad som nu är aktuellt i just din situation) dirigerar du dessutom bort det direkta beslutsansvaret från dig själv till en anonym grupp — vilket ju är betydligt säkrare för dig. Och genom att inte nämna några direkta namn skyddar du dessutom dina överordnade. Som jag påpekat flera gånger tidigare vet man aldrig vad en psykopat kan hitta på för att hämnas, så det handlar i detta fallet inte om feghet utan helt enkelt om personlig säkerhet — både för dig och för personerna i ledningen.

Om den muntliga varningen hjälper — grattis! Om inte, har du som chef i alla fall gjort vad du kunnat och kan nu bara konstatera att deras beteende hindrar att din avdelning fungerar som den ska. Som chef bör du då för ditt företags och för alla andra anställdas bästa se till att få bort personen. Är personen inte tillsvidareanställd (vanligtvis efter 6 månader) är det oftast inga problem. Är personen tillsvidareanställd ("fast anställd") måste du normalt sett ha fackets godkännande. Ett tips är att först ge ett par skriftliga varningar som då kommer att fungera som underlag vid de obligatoriska förhandlingarna med facket.

Nu är det som de flesta vet stor skillnad på svensk arbetsrätt och exempelvis amerikansk arbetsrätt. I USA kan man i princip sparka folk utan anledning och då får de sluta redan samma dag, medan man i Sverige måste få det godkänt av facket och man har dessutom uppsägningsperiod från en till flera månader. Å andra sidan kan man som anställd i USA också helt sonika säga upp sig på stället och omedelbart lämna en arbetsgivare. Dessa båda system har ju som allt annat sina för- och nackdelar. Sett ur ditt perspektiv som chef är det amerikanska systemet naturligtvis att föredra eftersom det besparar både företaget och alla skötsamma anställda mycket problem. I detta sammanhang kan man förstås fråga sig hur en psykopat överhuvudtaget kan få en tillsvidareanställning i och med att de måste uppföra sig väl i sex månader. Men det är inga problem; om de verkligen vill ha jobbet kan de säkerligen iskallt hålla sig i skinnet och uppföra sig exemplariskt tills de får sin eftertraktade tillsvidareanställning. Det kan därför vara en god idé för chefer att observera nyanställda — och eventuellt även testa dem med några av testerna i kapitel 2 — *innan* de blir tillsvidareanställda.

Nu finns det emellertid sätt att på helt laglig väg få folk att självmant säga upp sig. Märk väl att denna bok är helt opolitisk och att jag inte står på någons sida. Jag vill bara påpeka att det *finns* alternativa och fullt lagliga sätt att försöka lösa situationen på. Är du chef kan ett lämpligt förbund (exempelvis SAF eller ledarna.se, som jag dock inte har något personligt samarbete med) ge dig råd och hjälp i just din situation. Inom ramen för vad som är lagligt kan du helt enkelt ändra deras arbetsförhållande till det sämre så att de säger upp sig självmant. Du kan exempelvis ändra arbetstiderna till sådana tider du vet att de inte vill ha, byta arbetsuppgifter till sådana du vet att de inte gillar eller placera dem bland personer du vet är väldigt tuffa och som de rimligtvis borde ha svårt för att charma eller manipulera. Det bästa är dock som sagt att kräva att de utför arbetet korrekt. Utgår du från det och har bevis och kan visa upp skriftliga varningar så bör du rimligtvis få facket med dig eftersom båda parterna i grund och botten vill företagets och de anställdas bästa.

Jag vill avsluta med ett exempel som i viss mån kan belysa vad bristande kommunikation i sådana här sammanhang kan leda till. En person jag känner hade en arbetskollega som var mycket illa omtyckt av övriga anställda. Bortsett från ett par personer som han hade nytta av och därmed var överdrivet trevlig mot ville i princip alla ha bort honom därifrån. Hans chef satt för det mesta på sitt kontor och såg aldrig beteendet, vilket inte bara innefattade allmänt otrevligt uppträdande utan även konsten att göra så lite som möjligt. Till slut var det en som fick nog och gick till chefen och berättade hur det låg till. Den förvånade chefen tog tag i saken och frågade samtliga berörda vad de ansåg. Föga överraskande ville en överväldigande majoritet ha bort honom så fort som möjligt. Chefen förklarade situationen för facket som godkände att mannen fick lämna sin anställning. När han fick beskedet var han dock totalt oförstående. "Vad har jag gjort?? Jag har ju inte gjort något fel alls!" Huruvida det verkligen var så illa ställt med hans självinsikt eller om han bara spelade oförstående är det nog bara han själv som visste. Det slutade i alla fall med att han blev erbjuden ett nytt jobb i Tyskland (med chefens hjälp faktiskt, men antagligen endast för att påskynda processen). För de skadeglada kan jag påpeka att hans nya tyske chef säkerligen lärde honom skillnaden mellan svenskans disciplin och tyskans Disziplin :)

2. När du är psykopatens arbetskollega

Att se till att du inte blir till någon nytta för en psykopatisk arbetskollega är naturligtvis ingen bra idé eftersom personen säkerligen kommer att göra allt för att få det att framstå som att det är *du* som är problemet. Att i så stor grad som möjligt undvika saker som utlöser deras beteende *kan* göra livet lättare för dig på jobbet men i slutänden riskerar du att behöva trippa fram på tårna och vara så försiktig med allt du säger och gör hela tiden att det nästan *blir* ditt jobb. En bättre långsiktig lösning kan vara att säga "Du måste förstå att om du [gör eller inte gör si och så] så får chefen reda på det och då kan du bli av med jobbet."

Om personen inte skärper sig bör du upplysa din chef om läget (i varje fall om du vill behålla ditt jobb!) Om det inte känns rätt eller det känns som om du tjallar, fråga då dig själv om din psykopat till kollega skulle hålla *dig* om ryggen och dölja dina brister för chefen med risk att själv råka i knipa. Nej, det tror nog varken du eller jag. Att vara lojal mot sina arbetskollegor är vanligtvis en bra sak men att dölja en psykopatisk arbetskollegas brister och misstag är att totalt missförstå ordet lojal. Genom att undanhålla din chef viktig information försätter du hela din avdelning i fara och riskerar direkt eller indirekt ditt eget och dina arbetskamraters jobb.

Om du nu skulle tvingas vidta denna åtgärd, tänk då på att de upplysningar du delger din chef inte bör kunna spåras tillbaks till just dig. (Man vet som sagt aldrig vad en psykopat kan hitta på för att hämnas.) Om upplysningarna endast kan ha kommit från dig kan du be din chef låtsas som om det är han själv som har sett psykopaten göra vad det nu rör sig om; det är ju ytterst din chefs ansvar att reda ut problem i sin avdelning. Om du föredrar att vara anonym kan du istället skriva ett anonymt meddelande till din chef. Dock kan det bli problem om chefen har frågor som han vill få svar på innan han kan gå vidare med ärendet så skriv i så fall så utförligt och detaljerat som möjligt utan att det kan spåras tillbaks till just dig.

3. När psykopaten är din chef

Att ha en psykopat till chef kan verkligen vara en mardröm, men det är tyvärr bister verklighet för alltför många. Som jag skrev i punkt 10 *Vilka yrken söker sig psykopater helst till?* i kapitel 1 kan psykopater mycket väl välja yrken som kräver snabba och känslokalla beslut, som exempelvis högre chef.

Det finns i princip ingen ände på vilka sätt en psykopatisk chef kan göra livet surt för sina underställda. Att försöka *vädja* till dem att behandla dig bättre lär knappast fungera. Det är som om haren skulle vädja till räven att inte äta upp honom. Om du vill prova att undvika att säga eller göra saker som utlöser deras beteende hittar du all information du behöver i punkt 4 *Hur du minimerar psykopatens negativa inverkan på dig* i kapitel 3.

Om det inte fungerar, eller om du känner att du inte har styrka eller mod nog att handskas med din chef på egen hand, har vi i Sverige fackförbund som bland annat har som uppgift att handskas med just sådana här situationer. Fackförbund utgår från den urgamla principen att man är starka tillsammans — och det har ju varit människans sätt att överleva sedan urminnes tider. Är en chef psykopat brukar de flesta eller alla anställda vilja ha bort honom. Om de då diskuterar detta och gemensamt tar upp det med facket finns chansen att det går att lösa på den vägen. En avgörande faktor i detta sammanhanget är högsta chefen (VDn). Skulle han också vara psykopat ser han ju inget fel i sina underchefers beteende om de beter sig som han själv gör utan då kommer han tvärtom att försvara dem med näbbar och klor. I så fall kan ni prova att vända er direkt till styrelsen, som ju inte bara är VDns chef utan (förhoppningsvis) en grupp medkännande personer som ser långsiktigt och till helheten snarare än bara till kortsiktiga ekonomiska resultat. Om majoriteten av er skriver under en begäran, om möjligt i samarbete med facket, om att få en viss chef utbytt och klart anger varför så finns en chans att det hjälper.

Skulle det inte heller fungera, eller om du känner att du saknar styrka och mod rent allmänt för att lösa situationen, är det kanske hög tid för dig att börja se dig om efter ett nytt jobb på en annan arbetsplats. Visst kan det kännas otryggt att lämna ett jobb, kanske inte minst ekonomiskt, men ta en rejäl funderare på om lönen verkligen kompenserar det känslomässiga och psykiska lidande du upplever på jobbet. Tänk också på att det är stor skillnad på en *besvärlig* chef, som ofta trots allt går att resonera med, och en *psykopatisk* chef, som ju *inte* går att resonera med.

Du kan få information samt ofta en del praktisk hjälp av Arbetsförmedlingen och även av facket om du är medlem där. Kom ihåg att kolla upp hur det blir med din a-kassa så att du klarar dig ekonomiskt tills du hittar ett nytt jobb. (Kolla upp inkomst-tilläggsförsäkringar.) Ofta finns det också möjligheter till omskolning inom yrken där det råder brist på kvalificerad arbetskraft. Arbetsförmedlingen kan informera dig om detta.

Ett annat sätt att tackla det hela är att lära dig mer om din sanna passion. Och hur vet man vad som är ens sanna passion? En bra ledtråd är någon hobby eller något intresse du har där tiden verka flyga iväg. Ofta är det något du har en naturlig talang för men som du kanske inte tagit dig tid att lära dig ordentligt utan det är fortfarande en hobby eller ett tidsfördriv för dig. Din kunskap i ämnet ligger dock oftast på en hög nivå och du kanske hade kunnat tänka dig att lära ut det eller kanske till och med skriva en bok i ämnet. Bara din fantasi, ditt självförtroende och din ihärdighet sätter gränser här.

4. När psykopaten är din affärspartner

Denna situation skiljer sig från de tre första såtillvida att en affärspartner är en frivillig relation — du väljer ju själv en affärspartner — medan du som anställd på ett företag normalt sett inte kan välja vem du ska jobba tillsammans med eller vem du vill ha som chef. En affärspartner *väljer* du att slå dig ihop med och gör det antagligen just för att du ser en möjlighet att tjäna pengar. Och det är ju egentligen inget fel i det. Problemet är att om du väljer att samarbeta med en psykopat får du alltid betala ett relativt högt pris psykiskt och känslomässigt. Det finns dock några sätt du kan prova att hålla deras beteende i schack på.

Om dina kunskaper och färdigheter är så unika att du vet med dig att din psykopatiska affärspartner helt enkelt inte klarar sig utan dig har du så klart en enorm fördel eftersom du kan framföra krav och inte minst ställa ultimatum. Du kan exempelvis säga "Om du inte slutar upp med att [vad det nu är du vill de ska sluta göra eller säga] så får du hitta en annan affärspartner. Jag menar allvar." Är de det minsta smarta kommer de att skärpa sig efter det. Om inte beror det förmodligen på att de tror att du bluffar. Om så är fallet, gå helt sonika därifrån och vänta lugnt på att de desperat ska be dig att komma tillbaks. Om de gör det, och du tjänar bra med pengar på affärsrelationen och klarar av att hålla deras beteende i schack på det här sättet, gratulerar! Då är det bara att håva in pengarna och upprepa dina krav när och om det behövs. Skulle de mot förmodan inte komma tillbaks kan du med dina specialkunskaper säkert välja och vraka bland nya potentiella affärspartners som faktiskt förtjänar dig.

Om dina kunskaper och färdigheter är medelmåttiga och du betraktas som utbytbar av din affärspartner har du emellertid färre argument att förhandla med om du vill framföra krav. I det här fallet kan det vara en god idé att först testa hur psykopatisk han är (se kapitel 1 och 2) samt att kolla upp honom med eventuella tidigare affärspartners så att du får en uppfattning om hur sannolikt det är att han kommer att ändra sitt beteende gentemot dig.

Så här skulle du exempelvis kunna använda test 4 i kapitel 2: "Jag accepterar inte att du [beter dig så/talar till mig på det viset, etcetera]. Om du fortsätter med det så får du skaffa en ny affärspartner. Jag menar allvar. Ok, upprepa nu exakt vad det var jag bad dig sluta göra." Om de då kan upprepa mer eller mindre ordagrant vad du har begärt av dem så finns det en chans att de verkligen har lyssnat på dig och att de tar hänsyn i fortsättningen. Men om de inte kan det kommer de med största sannolikhet aldrig att behandla dig som du vill bli behandlad. Då är det kanske dags för dig att inse att du satsat på fel affärspartner, eller åtminstone fråga dig själv om priset du får betala i form av psykiskt och känslomässigt lidande verkligen är värt pengarna.

Du kan också syna deras kort genom att säga att du härmed säger upp affärsrelationen med dem och sedan iaktta hur de reagerar. (Om du har skrivit på ett tidsbestämt affärskontrakt med dem kan du istället säga att du *vill* säga upp det.) Om de tittar förfärat på dig som om de vore rädda eller chockade så finns en möjlighet att dina ord verkligen fick dem att inse att du menar allvar — att de faktiskt insett att de riskerar att mista dig som affärspartner och därmed också sin inkomst. Om de däremot ser på dig med likgiltighet eller fnyser föraktfullt åt dig finns risken att de aldrig kommer att förändras eller förstå hur viktigt det är för dig att bli behandlad på ett respektfullt sätt. Psykopater är väldigt motsägelsefulla på det viset. De själva vill bli behandlade som kungar men kan inte förstå att andra ens har grundläggande behov av att känna sig respekterade. Återigen är det i så fall kanske dags för dig att inse att du satsat på fel affärspartner, eller åtminstone fråga dig själv om det är värt pengarna.

5. När psykopaten är en släkting

När det gäller släktingar som du normalt sett inte träffar eller umgås med dagligen eller ens regelbundet har du (förhoppningsvis) den fördelen att du inte är *tvungen* att hålla dig på god fot med dem. (Jag säger förhoppningsvis för alla släkter har ju sina egna sociala regler.) Ofta är problemet med psykopater till släktingar snarare att de kan vara extremt krävande och be om tjänster och begära att bli uppassade i tid och otid och sedan försöka ge dig dåligt samvete om du inte ställer upp med en gång. Och skulle de inte lyckas ge dig dåligt samvete (vilket de inte heller borde om du studerar denna boken ordentligt) kan de som den manipulerande person de är istället dra någon snyfthistoria för hela släkten så att *du* framstår som hjärtlös och ohjälpsam — och på så vis få hela släkten med sig i sin kamp för att få din hjälp. Metoden de använder är visserligen feg men är ändå listig och kan orsaka dig problem, så hur löser du det?

Det du bör fokusera på om de kommer med krav på ständiga tjänster är att helt enkelt ställa *motkrav* i form av gentjänster. Du kan exempelvis säga "Nej, du får inte låna mer pengar innan du har betalat tillbaks det du redan är skyldig mig", eller "Jag kan hjälpa dig med det om du hjälper mig måla om min båt" (eller vad det nu än är du behöver hjälp med och som du vet med dig att de skulle kunna klara av om de bara vill). Att inte ställa motkrav är att göra både dig själv och psykopaten en otjänst. Du själv kommer att bli utnyttjad tills du känner dig som en urvriden gammal trasa och psykopaten kommer bli än mer stärkt i sin övertygelse att de kan behandla alla som de behandlar dig.

För att undvika att få hela släkten mot dig när du börjar köra din nya hårdare linje gentemot din psykopatsläkting gör du bäst i att använda dig av rimliga skäl när du säger nej eller ställer krav på motprestationer; skäl som övriga släkten vet är sanna och förstår är rimliga. (De känner dig antagligen alltför väl för att du ska kunna komma undan med osanna ursäkter.) Förklara också för dem det jag skrev i förra stycket: Att inte ställa motkrav är att göra både dig själv och psykopaten en otjänst. Om du mer eller mindre alltid har hjälpt den personen förr och nu plötsligt börjar säga nej eller ställa motkrav finns så klart risken att inte bara psykopaten utan hela släkten reagerar negativt. Men så brukar det vara med förändringar; det blir alltid ett motstånd i början och det kan därmed upplevas som värre innan det blir bättre. Du får helt enkelt besluta dig för att konsekvent hålla dig till din nya hårda linje och ge rimliga skäl varje gång. Med tiden kommer släkten förhoppningsvis att respektera det (eller helt enkelt ge upp och inse att du verkligen inte kommer att ge dig).

Skulle det inte fungera att ställa krav på motprestationer — eller du stöter på alltför stort motstånd från släkten — och du känner att du helt enkelt inte klarar av det hela känslomässigt och psykiskt, ja då är det kanske dags att överväga att bryta kontakten helt med din psykopatsläkting. Ytterst sett är det bara du själv som kan ta fullt ansvar för din egen psykiska och känslomässiga hälsa. Du kan också se det som att du faktiskt inte själv *valt* att ha psykopaten som släkting; och i och med att en psykopat normalt sett bara *tar* utan att ge något av värde tillbaka kan man krasst säga att du helt enkelt inte *behöver* den släktingen i ditt liv.

Ett beslut att helt bryta kontakten kan eventuellt försvåras av det faktum att en del släktingar, kanske i synnerhet de äldre, ofta kan vara av den åsikten att släkten ska hålla ihop i vått och torrt och de kan därför propsa på att du ska tillbringa tid med alla, och därmed även psykopaten, i samband med högtider, födelsedagar, släktträffar med mera. Det är naturligtvis upp till dig om du då och då ställer upp för släktens eller husfridens skull. Du känner ju själv om du klarar av det de få timmarna eller ej. Om du vill prova, använd dig då av informationen i punkt 4 *Hur du minimerar psykopatens negativa inverkan på dig* i kapitel 3, att alltid hålla med dem, etcetera.

6. När psykopaten är en familjemedlem

Om psykopaten är en familjemedlem som du brukar umgås med mer eller mindre dagligen är det främsta problemet oftast inte att de ber om tjänster (som mer avlägsna släktingar till psykopater gärna gör) utan att de för länge sedan upptäckt att de kan bete sig nästan hur de vill och ni — Den Kärleksfulla Familjen — har ändå förståelse och överseende. Du vet vid det här laget att det inte går att ändra psykopatens natur. Men samtidigt vet du att om ni låter psykopaten bete sig hur som helst så kommer ni alla att bli utnyttjade och överkörda tills ni känner er som en bunt urvridna gamla trasor. Dessutom blir psykopaten än mer stärkt i sin övertygelse att de kan behandla alla som de behandlar er. Att jämt gå psykopaten till mötes och aldrig säga nej är att göra både er själva och psykopaten en otjänst.

Det bästa sättet här är att hela familjen håller psykopatens beteende i schack på ett samordnat sätt. Såvida du inte är psykopatens enda familjemedlem är ni alla tillsammans trots allt en majoritet och kan använda det till er fördel. Alla nära familjemedlemmar — syskon, föräldrar, barn — behöver sätta sig ner och tillsammans komma överens om var ni ska dra gränsen beträffande psykopatens beteende. Om ni inte är överens och kör en hård gemensam linje kommer psykopaten direkt att sniffa till sig era svagheter och spela ut er mot varandra.

Själva strategin är enkel. Varje gång psykopaten går över gränsen i sitt beteende (och det kommer säkert att ske ofta, speciellt i början när de testar om ni verkligen menar allvar) måste ni alla klart och tydligt tala om exakt vad det var de gjorde som ni som grupp inte tolererar och göra klart att det blir KONSEKVENSER för dem om de upprepar det. Håll psykopaten i strama tyglar och skriv ner på en (hemlig) lapp eller gemensam fil med internetåtkomst så att alla kan se när en varning utfärdats för ett visst beteende. EN varning för varje typ av beteende, sedan blir det konsekvenser. Tänk om en bilist hela tiden körde för fort och varje gång en polis stoppade honom sa polisen bara "Nåja, jag ska se genom fingrarna den här gången och bara ge dig en varning men nästa gång blir det böter", utan att polisen har en aning om hur många "se-genom-fingrarna-varningar" just den personen fått tidigare av andra poliser. Att nöja sig med en varning vid första överträdelsen är ett bra och mänskligt system som tillåter engångsmisstag. Upprepade misstag är dock inga misstag — det är avsiktliga överträdelser.

Men vilka konsekvenser ska ni välja? Ni som grupp kan välja något som ni vet att psykopaten vill ha eller tycker om, exempelvis något de brukar få hjälp med eller någon favoritmat de gillar att få serverad, och sedan under en kortare eller längre tidsperiod helt enkelt inte ge eller erbjuda det. Det brukar inte vara några problem att få reda på vad en psykopat vill ha för de är ju bra på att komma med krav till alla de ser. (Naturligtvis ska ni inte förvägra dem något livsnödvändigt som exempelvis mediciner. Som alltid gäller sunt förnuft och omdöme.)

Denna enkla men effektiva metod att gemensamt hålla psykopatens beteende i schack kräver som sagt att alla familjemedlemmar är överens och kör en gemensam hård linje. Nu kan dessvärre föräldrarna till en psykopat ofta ha en tendens att vara överbeskyddande och tycka synd om sitt barn eftersom dessa ju ofta har sociala svårigheter, få eller inga vänner, svårigheter att få och behålla ett jobb, etcetera. Det är ju trots allt deras biologiska avkomma och en förälders naturliga beskyddarinstinkt kan ibland sätta käppar i hjulet för denna gemensamma hårda linje. De kan mer eller mindre tvinga er alla att umgås med psykopaten i ett desperat försök att göra psykopatens liv så normalt som möjligt utan att tänka på alla er andras psykiska välbefinnande. Skulle det vara så, ta då upp det diskret med den som kräver det av dig — vanligtvis en eller båda av psykopatens föräldrar — och förklara öppet och ärligt vad det är som psykopaten (men kalla dem inte psykopat i det här fallet eftersom det kan vara extra känsligt för föräldrar till en psykopat) gör eller säger som gör att du mår dåligt. Lyckligtvis är det få om ens någon som känner till psykopatens dåliga sidor bättre än föräldrarna, men olyckligtvis är det också få om ens någon som har sådant överseende med det än just föräldrarna. Om de uppgivet erkänner att de har provat med att visa kärlek, förståelse och förlåtelse, fråga dem då om det har förbättrat situationen. Med största sannolikhet har det inte det. Det har bara hjälpt dem att tillfälligt handskas med situationen, oftast genom att offra sig psykiskt och känslomässigt för sitt barn. Och nu vill de alltså tvinga dig och er andra att göra samma sak trots att det leder till att alla mår dåligt — alla utom psykopaten själv vill säga. Om de inte redan har läst detta kapitel bör de i så fall göra det, eller helst hela boken, så att de förstår hur viktigt det är att alla är med på det och varför.

7. När psykopaten är en vän till dig

En vän kan liknas vid en affärspartner såtillvida att båda relationer är frivilliga och ni båda får ut något av det. Skillnaden är förstås att i en vänskapsrelation är det du får ut av personlig natur, inte i form av pengar. Rent generellt avråder jag mot att försöka komma nära en psykopat personligt eller att förvänta dig sann vänskap och förståelse, ömsesidigt stöd, etcetera. En sann vänskapsrelation med en psykopat är en paradox. Det kommer helt enkelt inte att fungera på grund av psykopatens natur. Om du frågar en psykopat vad det innebär att vara en sann vän kan de förmodligen inte svara på det. Eller om de kan har de antagligen lärt sig det "rätta" svaret utantill från internet eller någon bok. Varför? För att de har listat ut att det ökar deras chanser att manipulera dig och andra. Om du har fått för dig att du har en sann vänskapsrelation med en psykopat är det antingen så att du lurar dig själv och att psykopaten i själva verket får ut mycket mer av er "vänskapsrelation" än vad de ger tillbaks, eller är det inte någon psykopat alls utan du har felbedömt dem.

För att illustrera hur en psykopat ser på vänskap kan jag ta ett exempel med ett högst intelligent djur, nämligen kråkan. Om du skulle ha ett kråkpar där du bor eller där du brukar ta promenader och kasta en brödbit eller något annat ätbart till dem (kråkor är inte så kräsna med vad de äter) skulle de först försiktigt vänta med att äta tills du är en bit därifrån. Men om du fortsatte att kasta dem en liten matbit dagligen skulle de snabbt vänja sig och befinna sig på samma plats vid samma tid varje dag och troget vänta på dig. Som människa, speciellt om man älskar djur, är det då lätt att känna att man fått en slags vänskapsrelation med kråkan. Men sanningen är att den struntar i dig. Visserligen har den lärt sig känna igen dig men det är maten den är ute efter, inte ditt sällskap. Inom psykologin finns det en term som kallas projicering vilket innebär att vi människor har en tendens att projicera (överföra) våra egna känslor och behov på andra, även på djur. Se bara hur Disney® ger mänskliga personligheter åt allt från djur till robotar och utomjordingar. Låt oss som ett exempel istället säga att det rör sig om en öde plats utan mobiltäckning och du snubblar och bryter foten och blir liggande. Då skulle kråkparet förmodligen studera dig. Om du låg kvar efter några dagar och blivit så svag att du knappt orkar röra dig, är den bistra sanningen att de med största sannolikhet hade börjat betrakta dig som föda — och börjat med att äta dina ögon för att de är den mjukaste delen på dig. Så mycket för den ”vänskapen”. Och att projicera dina egna känslor och behov på en kråka och på en psykopat är ungefär lika lyckat.

Det är dock en annan sak om din relation med psykopaten är mindre personlig och bara handlar om ett gemensamt intresse som sport, etcetera. Så länge du är medveten om hur en psykopat tänker och du är på din vakt så är det inte *omöjligt* att en sådan opersonlig form av relation med en psykopat kan komma att fungera i praktiken och att du också faktiskt får ut något av det. Problemet är dock att en psykopat är oberäknelig till sin natur. Mitt i en tennismatch kan de exempelvis plötsligt få för sig att du fuskar, eller vill de kanske utan förvarning ändra schemat utan att först kolla om det passar er andra i gruppen. De kan också få för sig att du är snällare (läs ”mer lättlurad”) än de andra vilket passar dem alldeles utmärkt för de känner sig ensamma och missförstådda (vilket vi ju inte kan klandra dem för) och utser just dig till deras personlige terapeut! Dina anställningsvillkor är dock inte de bästa: Du får ingen lön och måste ställa upp under dygnets alla timmar alla dagar i veckan närhelst de behöver någon som lyssnar på dem och deras problem (vilka ofta rör sig om att andra inte gör som de vill de ska göra). De tar ingen hänsyn till om du vill eller har tid att lyssna på dem. Så var på din vakt mot försök från deras sida att "komma dig närmare" för det kan bara sluta på ett sätt: Att du blir utnyttjad.

8. När psykopaten är din make/maka/sambo/särbo/pojkvän/flickvän/ex-make/ex-maka

Som du vet bryr sig psykopater i grund och botten inte om andra. De har inget behov av eller ens förmåga till att ha ett djupare förhållande där kärlek, ömhet, omtanke och intimitet utgör centrala begrepp. Ett romantiskt förhållande med en psykopat är därmed en omöjlighet (såvida inte deras partner har extremt låga krav!) Om man dessutom tar i beaktande att ett stort antal kvinnor årligen blir slagna, misshandlade och till och med dödade av sin man/sambo/pojkvän och att eventuella gemensamma barn till och med kan användas i syfte att utöva psykologisk utpressning är det inte svårt att se varför det normalt sett är bäst för kvinnan att lämna ett sådant förhållande. (Det förekommer naturligtvis också att män blir slagna av sina kvinnor samt misshandel i samkönade relationer, men för att förenkla det hela kommer jag i fortsättningen att använda mig av den vanligast förekommande situationen: En manlig psykopat och ett kvinnligt offer.)

Din bästa försäkring mot att hamna i ett destruktivt förhållande med en psykopat är att förstå och vara medveten om hur en psykopat tänker när det gäller relationer och förhållanden. (Se punkt 13 *Varför och hur inleder en psykopat ett romantiskt förhållande?* i kapitel 1.) Om en kvinna befinner sig i ett sådant förhållande men ändå stannar kvar är det som regel av en av följande anledningar: 1) Hon ser fördelar i att stanna. 2) Hon är rädd för honom. 3) Han har fullständigt brutit ner hennes självförtroende och självkänsla, det vill säga hennes värde som människa (eller har hon haft låg självkänsla redan från början). 4) Hon väntar på att han ska förändras till det bättre.

Om hon ser fördelar i att stanna i förhållandet — som ekonomiska fördelar, social trygghet, kontakter, etcetera — beror det kanske på att hon helt enkelt värderar dessa fördelar högre än sitt eget känslomässiga och psykiska välbefinnande. Om det är så i ditt fall har du som vuxen förvisso rätt att göra som du behagar. Det är ju ditt liv. Men det kan ändå vara en god idé att noga tänka igenom ditt val och väga fördelar mot nackdelar: Det du får ut mot det du betalar känslomässigt och psykologiskt. Glöm inte bort att en psykopat är expert på att manipulera folk till att bli deras spelbrickor, vilket innefattar att övertyga dig om alla fördelar för dig om du stannar. Så *om* du anser dig ha fördelar av att stanna är mitt råd att försäkra dig om att de fördelarna är *verkliga* fördelar för dig — inte bara som han försöker inbilla dig — och att fördelarna är tillräckliga för att det ska vara värt för dig att stanna. Försäkra dig också om att han inte bara *manipulerar* dig till att stanna genom att lova guld och gröna skogar och sedan inte hålla något alls, eller genom att helt enkelt försöka ge dig dåligt samvete om du inte stannar.

Om hon är rädd för honom eller han fullständigt har brutit ner hennes självförtroende och självkänsla så vet han att han kan forma henne till någon som han enkelt kan kontrollera och styra och på så sätt få henne att stanna kvar. Han kan försöka övertyga ("hjärntvätta") henne till att tro att hon trots allt är trygg hos honom; att man vet vad man har men inte vad man får och att utan honom kommer hon att bli ensam resten av livet "för hon är så ful och värdelös att ingen annan man skulle vilja ha henne". Han kan till och med påstå att han låter henne stanna för att han är snäll och tycker synd om henne. Om hon trots detta skulle visa tecken på att försöka lämna honom kan han ta till krokodiltårar och lova att aldrig mer slå henne och att allt kommer att bli bra. Eller så kanske han väljer att övertyga henne om hur mycket han älskar henne — med ett par välriktade knytnävsslag rätt i hennes ansikte. I slutänden kan han faktiskt lyckas hjärntvätta henne till den grad att efter att han druckit (igen) och slagit henne gul och blå (igen) så tänker hon bara "Han menar inte att skada mig, han blir bara lite arg ibland och har svårt att kontrollera sig, men innerst inne vet jag att han älskar mig, precis som jag älskar honom".

Om DU är i den situationen är din enda utväg att inse det allvarliga i läget och besluta dig här och nu för att lämna honom. Finns barn med i bilden måste du naturligtvis se till deras bästa, och då kan du få hjälp av socialtjänsten. **Steg 1**. Sluta upp med att låta hela din värld kretsa kring honom. Sluta upp med att berätta för honom hur du känner, vad du tycker och vad du vill. Han lyssnar ändå inte på dig. Han bryr sig inte om vad du känner, tycker eller vill. Sluta prata med honom överhuvudtaget. Bara svara artigt på eventuella frågor och gör som han säger (inom rimliga gränser). Det är allt han vill. Ja, ungefär som om han vore din chef. Då kommer han att känna sig säker beträffande dig och förhoppningsvis sänka sin gard och inte vara så misstänksam medan du planerar din flykt. Du kan istället söka känslomässigt och moraliskt stöd från andra kvinnor i samma situation (exempelvis på tuvaforum.se) samt få hjälp från kvinnofridslinjen.se dit du också kan ringa gratis och anonymt (020 50 50 50). **Steg 2**. Planera vart du ska bege dig när du lämnar honom. En bra flykt handlar lika mycket om vart du ska bege dig som vad du lämnar bakom dig. Så fort han upptäckt att du inte längre är kvar kommer han med största sannolikhet att göra allt för att hitta dig igen och ta tillbaka dig, precis som om du vore hans egendom. Välj därför inte någon som han vet att du skulle fly till, som exempelvis en vän eller släkting (det vill säga dem som han lagt ner sin möda på att förbjuda dig att umgås med). Välj istället en vän till en vän eller en arbetskollega. Du kan också vända dig till din kommuns kvinnojour (bara googla anonymt på din kommun och "kvinnojour" eller be någon göra det åt dig, eller använd exempelvis bibliotekets dator) så kan du få praktisk hjälp med det mesta och de ser även till att han inte kan hitta dig. Alternativt kan du vända dig direkt till polisen. Sverige har väldigt stränga lagar just mot kvinnomisshandel. **Steg 3**. Förvara alla viktiga papper, dokument och mindre föremål som du inte kan eller vill vara utan (ID-handlingar, körkort, pass, kreditkort, sedlar, mobiltelefon, smycken, fotografier, nycklar, läkemedel, etcetera) i en väska eller åtminstone så att du snabbt kan samla ihop dem utan att glömma något. **Steg 4**. Välj ut en tidpunkt för din flykt när du med säkerhet vet att han kommer att vara borta så länge som möjligt eller minst några timmar så att du får så stort försprång som möjligt. **Steg 5**. Ta din väska (och eventuella barn) och fly!

Om hon väntar på att han ska förändras till det bättre brukar hon tänka ungefär så här: "Om jag bara är kärleksfull mot honom länge nog så kommer han för eller senare att på ett magiskt sätt förvandlas till en kärleksfull människa — likt en blomma som öppnar upp sina blad mot solen". Kärleksromaner och romantiska filmer brukar tyvärr alltför ofta beskriva den perfekte mannen som arrogant och nedlåtande i början, men efter att ha mött Henne förändras han totalt och blir kärleksfull och omtänksam och.. ja *perfekt*. Är det romantiskt? Ja förmodligen. Är det realistiskt? Inte det minsta. Istället kan det bädda för stora besvikelser för en kvinna om hon har sådana förväntningar till och med på en icke-psykopat, för att inte tala om de besvikelser hon kommer att uppleva med en psykopat. En psykopat förändras inte på grund av kärlek från någon. Han kommer bara att utnyttja situationen om någon försöker älska honom (precis som i exemplet med kråkan i punkt 7). Det låter kanske cyniskt men eftersom de flesta vuxna rent statistiskt inte ändrar sig speciellt mycket i vuxen ålder är det bästa sättet att förutsäga någons beteende att se på personens *tidigare* beteende.

Naturligtvis kan det upplevas som svårt eller till och med otänkbart för dig att lämna din make och kanske därmed också gemensamma vänner. Men om du har läst hela boken vet du nu åtminstone det du bör veta om psykopater och har verktyg att ta till om och när du vill. Tänk noga igenom ditt val. Det är ditt liv och bara du kan bestämma vad du vill göra med det. Mina slutord till alla i denna situation är: Du förtjänar ett förhållande där du också är lycklig!

Kapitel 5 — Att återhämta sig psykiskt och känslomässigt efter att ha haft med en psykopat att göra

Del 1 — Generella metoder

Att bryta förbindelsen med en psykopat är ett väldigt viktigt steg när det gäller att skydda sin psykiska och känslomässiga hälsa. Och det *kan* också vara allt som behövs, i alla fall för de som är tuffa och kan skaka av sig obehagligheterna ungefär som en blöt hund skakar bort vattnet från sin päls. Nu är dock inte alla människor tuffa eller hårdhudade utan många är känsliga och har påverkats starkt av psykopaten. De kan känna eller till och med vara överväldigade av negativa känslor såsom ledsamhet, besvikelse, desillusion, bitterhet, ilska, ånger eller skam. I vissa fall kan personen till och med känna sig så värdelös som människa att de överväger att ta sitt liv. Då är det av största vikt att vidta åtgärder för att återhämta sig psykiskt och känslomässigt.

Detta kapitlet syftar till att leda dig tillbaka till livsglädjen; till ett liv som du verkligen vill ha. Om du ser tillbaka på ditt liv innan du mötte psykopaten, hur var ditt liv då? Om vi utgår från att ditt liv var åtminstone OK så kan det fortfarande bli minst OK igen!

Och var det ett alldeles förträffligt liv kan det fortfarande bli så igen! Det du behöver göra är att ta itu med de negativa minnen du har beträffande psykopaten. För du vill väl inte att han ska bo gratis i ditt huvud eller hjärta resten av livet?

Förutom det självklara stöd du kan få av din familj och dina vänner finns det också stödgrupper du kan gå med i (det är bara att googla eller fråga kommunen). Robert D. Hare ger i sin bok *Without Conscience* också följande tips: Om du vet psykopatens namn kan du alltid prova att leta upp eventuella andra offer han lämnat bakom sig, exempelvis genom att googla eller direkt via Facebook®, och söka stöd av dem. Tänk bara på att det *kan* upplevas som ett intrång i integriteten, speciellt som du har med potentiellt psykiskt svaga eller labila personer att göra, så gå varsamt fram, presentera dig artigt och kortfattat och försök inte ta kontakt med en och samma person mer än en gång.

Om du är religiös kan du förstås också få stöd från din kyrka eller församling eller genom att be till Gud eller någon Högre Makt du tror på. Hopp och en tro på en Högre Rättvisa kan ge dig styrka.

Om du känner att det är rätt för dig föreslår jag att du också söker professionell hjälp av exempelvis en psykolog som är väl insatt i psykopatens natur. Det finns flera olika former av terapimetoder, från den traditionella "psykolog-dialogen" till KBT (kognitiv beteendeterapi). Här är det dock viktigt att du förstår att även om det är du som söker hjälp är det inte ditt fel! Det ligger i en psykopats natur att kunna manipulera, lura och vilseleda även den mest intelligenta person så du har inget att skämmas över om du söker hjälp av en psykolog.

Del 2 — Alternativa metoder

Det finns terapimetoder som inte innefattar det vanliga ”prata-om-dina-känslor” och som av just den anledningen kan passa somliga bättre. Det undermedvetna står i nära samband med den fysiska kroppen. Genom att i terapin rikta sig direkt till det undermedvetna och därmed kringgå det ”analytiska” medvetandet är det ofta möjligt att reducera dessa starka negativa känslor och förnimmelser som du kan känna i kroppen (vanligtvis i mag-, bröst eller halstrakten — vilket motsvarar ”centralmeridianen” inom den klassiska kinesiska hälsoläran) när du tänker på psykopaten. Det undermedvetna är oerhört mycket starkare än det medvetna sinnet (viljestyrkan/logiskt tänkande) och tills du kontrollerar ditt undermedvetna kontrollerar det dig.

A. Meditation

De allra flesta känner till meditation som en avslappnande form av självterapi och de flesta hälsoexperter brukar också rekommendera daglig meditation som ett viktigt redskap att motarbeta vardagsstressen. Det finns mängder av olika former av meditation. Det de flesta meditationsformer har gemensamt är att de får både kroppen och hjärnan att slappna av. Meditation med ett mantra (den mest kända formen kallas TM — Transcendental Meditation) kan på basis av åtskilliga vetenskapliga undersökningar där man mäter meditatörers hjärnvågor och stressnivåer anses vara den meditationsform som effektivast löser upp stress ur nervsystemet, och kan därmed betraktas som en terapeutisk form av meditation. (Jag lär själv ut mantra-meditation.) Sedan finns det andra former där generell avslappning utgör det centrala; ofta i form av en guidad meditation där en person guidar de andra hur de ska tänka och visualisera för att slappna av. Den formen passar mer dem som vill "koppla av då och då" och inte förbinda sig till daglig meditation. Det finns även CDs och ljudfiler med guidad meditation/avslappning. Känns det som att meditation verkar vara något för dig så kan du prova olika former och se vad som passar dig bäst.

B. Hypnos

Åtminstone i Sverige omges hypnos ofta av fördomar och rena missförstånd. En del associerar hypnos med TV-shower där en hypnotisör får folk att hoppa runt som galna hönor eller sjunga i tron att de är Mariah Carey eller Elvis. Men det är enorm skillnad på scenhypnos, som är avsedd som ren underhållning, och seriös hypnosbehandling som är avsedd som terapi. Både hypnos där man får individuellt anpassad terapi, och självhypnos där man lyssnar på en förinspelad CD eller MP3, är väl beprövade tekniker. De fungerar dessutom relativt snabbt därför att de riktar sig direkt till det undermedvetna. Det finns relativt få hypnos-terapeuter i Sverige.

C. NLP

NLP, eller neurolingvistisk programmering, är en annan alternativ metod man kan använda för att bearbeta olika former av känslomässiga trauman; antingen på egen hand eller med hjälp av en utbildad NLP-utövare. Det finns många olika NLP-tekniker för många olika ändamål, inte bara som terapi. Men i korthet grundar sig NLP-tekniker för behandling av traumatiska upplevelser på det faktum att de associationer man har i sitt undermedvetna om en viss person också dikterar vad man ser för sitt inre (en irriterande person? en vän? någon neutral person?) och därmed också hur man kommer att *känna* inför den personen när man möter dem på riktigt eller bara tänker på personen. NLP syftar till att medvetet ändra på dessa associationer till positiva eller åtminstone neutrala associationer. På så sätt kan man minska eller till och med helt eliminera de negativa associationerna.

Ett exempel: För att förändra det sätt på vilket ditt undermedvetna ser på eller betraktar någon som du förknippar med negativa minnen tar du helt enkelt och visualiserar dem (ser dem för dina inre ögon) som någon du känner dig neutral inför. Detta åstadkommer du genom att mentalt byta ut deras ansikte, kläder, etcetera mot ett ansikte och kläder som du associerar med en neutral person. Kanske en neutral person för dig är en statstjänsteman eller kassörska? Eller föredrar du kanske att visualisera dem som en clown med stor röd näsa och löjligt långa skor? Ska man utföra tekniken grundligt ska man ta med så många aspekter av minnet som möjligt (synintryck, färger, ljud, rörelse, beröring, känsla, smak och lukt) och i princip medvetet förvränga alla intrycken så mycket som möjligt. Men själva grundprincipen här är alltså att ändra eller påverka ditt undermedvetna så att det inte längre associerar personen ifråga med några negativa känslor. Utför denna mentala övning flera gånger per dag (det behöver inte ta mer än en minut åt gången) under minst tre veckor. Du kan med fördel utföra övningen liggande med slutna ögon åtminstone en gång per dag. Visualisering är nämligen mer effektivt när man är fysiskt och mentalt avslappnad än fullt vaken, på grund av att hjärnan är upp till 200 gånger mer mottaglig för suggestioner i alfa-stadiet (dagdrömmeri/avslappning) än i beta-stadiet (fullt vaken).

D. EFT

EFT är en förkortning av engelskans Emotional Freedom Techniques, som på svenska blir ungefär Tekniker för känslomässig frihet. EFT grundar sig på akupunktur men istället för att använda nålar använder man fingertopparna och "knackar" lätt på olika punkter på huvudet, i ansiktet och övriga kroppen medan man samtidigt fokuserar mentalt på det som besvärar en, exempelvis obehagliga minnen och negativa känslor förknippade med psykopaten. Rätt utfört kan de negativa känslorna minska eller till och med helt försvinna, och dessutom förvånansvärt snabbt. EFT är fortfarande relativt okänt i Sverige men i många andra länder, exempelvis Norge, England och USA, är det mer känt och används ibland till och med inom sjukvården. Naturligtvis finns det kritik mot EFT, vanligtvis att det skulle sakna vetenskaplig grund, men man ska hålla i minnet att punkterna man behandlar faktiskt bygger på den klassiska akupunkturen som ju är godkänd av svensk sjukvård. Om man frågar de som faktiskt använt EFT på ett korrekt sätt anses det vanligtvis som en mycket effektiv, mångsidig och samtidigt mjuk metod som dessutom är relativt lätt att använda på sig själv.

E. Attraktionslagen

Attraktionslagen eller Lagen om attraktion (från engelskans Law of Attraction) hävdar kortfattat att det du tänker på och fokuserar på får du också får mer av — oavsett om det du tänker på innebär något positivt eller något negativt för dig. Precis som vilken annan naturlag som helst sägs attraktionslagen vara ständigt i kraft, varje sekund, oavsett om du är medveten om lagen eller ej. Attraktionslagen är nog mest känd genom filmen och boken *Hemligheten* från 2006. Somliga har därför gett den stämpeln New Age-flum och tror att attraktionslagen lovar att vem som helst kan få precis vad man vill. Det tidshistoriska perspektivet talar dock emot New Age eftersom attraktionslagen beskrivits i böcker betydligt tidigare än så, bland annat i *Thought Vibration or the Law of Attraction in the Thought World* av William Walker Atkinson från 1906 (exakt 100 år innan *Hemligheten*!) och i *The Science of Getting Rich* av Wallace Wattles från 1910.

Grundprincipen är faktiskt extremt enkel: Fokusera dina tankar på *det du vill ha*, inte på vad du *inte* vill ha. Men trots att denna princip är så enkel, eller kanske just på grund av att den är så enkel, kan det vara svårt att följa den i praktiken. Om du brutit förbindelsen med psykopaten hävdar attraktionslagen att ju mer du tänker på honom desto svårare blir det för dig att släppa de negativa minnena. Ditt undermedvetna kan inte skilja på verkliga och inbillade omständigheter. Om du tänker på psykopaten tror alltså ditt undermedvetna att han är alldeles i närheten här och nu, vilket gör att hjärnan utsöndrar samma stresshormoner som när han faktiskt befann sig nära dig. Om vi ska ta ett exempel anpassat till den här boken kan du alltså använda attraktionslagen så här: Tänk helt enkelt inte på psykopaten. Tänk istället på personer du tycker om, älskar, och som behandlar dig väl och stöttar dig. Eller kort och gott: På dem som du *vill ha* i ditt liv.

Avslutningsvis vill jag säga att även om du inte tycker att attraktionslagen som sådan är något för dig kvarstår naturligtvis det ovedersägliga faktum att ingen mår bra av att älta negativa tankar!

Del 3 — Att bygga upp din inre styrka

Ditt självförtroende, din självkänsla och din tro på dig själv — det som kort och gott kan kallas för inre styrka — kan också ha fått sig en törn genom ditt möte med psykopaten. Dåligt självförtroende i sig gör dessutom att du lättare drar till dig fler psykopater. (De dras ju till personer med dåligt självförtroende som myror dras till sött.) Som ett sista steg i läkningsprocessen är det därför av största vikt att återuppbygga din inre styrka.

Om du känner att det är rätt för dig så kan du söka hjälp av en psykolog. De är ju trots allt utbildade i att hjälpa folk med känslomässiga och andra typer av inre problem. En sak du i så fall bör ha i åtanke är att generella problem som dåligt självförtroende kan ta lång tid att bearbeta hos en psykolog, så en uppskattning av tid och inte minst total kostnad är en god idé här.

Ett annat och oftast billigare alternativ är hypnos. För mer allmän information om hypnos se *B. Hypnos* under Alternativa metoder. Om det utförs av en licensierad hypnotisör eller hypnos-terapeut (det finns olika benämningar) med god resumé kan det vara ett ypperligt och effektivt sätt att få bukt med dåligt självförtroende eftersom man riktar sig direkt till det undermedvetna. Du kan också använda dig av självhypnos och lyssna på en förinspelad CD eller MP3. Detta blir naturligtvis billigare än att få personlig hypnos och dessutom bekvämare eftersom du lyssnar i ditt eget hem. Det finns säkerligen också gratis ljudfiler att ladda ner. Tänk dock på att gratis inte alltid är bäst eftersom sådana inspelningar ibland innehåller subliminala (ohörbara) suggestioner/kommandon som kan gå direkt in i ditt undermedvetna, så tänk på vad du släpper in där. Jag rekommenderar därför att välja självhypnos-ljudfiler med omsorg.

Förutom att bygga upp ditt självförtroende inifrån föreslår jag att du även börjar bygga upp det utifrån. Börja med att stå, gå och tala *som om du redan hade* bra självförtroende. Om du är osäker på dig själv och ditt eget värde så syns det definitivt! Ta en ordentlig titt på dig själv i en helkroppsspegel. Dålig hållning (det undermedvetnas sätt att göra dig kortare för att matcha ditt dåliga självförtroende) och sänkt huvud (för att undvika ögonkontakt) är båda typiska tecken på dåligt självförtroende och låg självkänsla, och psykopater brukar vara experter på att upptäcka just sådana tecken. Om du medvetet tränar dig själv att stå, gå och tala självsäkert så kommer din hjärna att producera mer testosteron och andra stärkande hormoner och då kommer du också att *känna* dig mer självsäker. På så sätt startas en positiv kedjereaktion: Du *känner* dig mer självsäker vilket leder till att du *beter* dig mer självsäkert, vilket i sin tur gör att du känner dig ännu självsäkrare, och så vidare. Du kan enkelt öva på detta hemma genom att exempelvis studera självsäkra personer i filmer. Studera hur de står, går, rör sig och talar. Se bara till att du inte överdriver utan hitta en skådespelare som du tycker passar dig och din stil. Om det inte ser naturligt ut kan det få motsatt effekt.

Om du känner att österländska tekniker och filosofier är något för dig kan du också prova att finna inre styrka i exempelvis meditation, yoga, Tai Chi eller Qigong. Dessa utövningsformer har använts i tusentals år i många länder för att finna inre styrka och balans. Meditation är den mest stillsamma formen medan de andra tre inbegriper rörelser och/eller andningsövningar. Det är naturligtvis bäst att lära sig direkt från en kvalificerad lärare men om du vill prova på lite olika former för att se vilken som passar dig bäst eller om det inte finns någon lärare i närheten (eller du helt enkelt vill spara pengar) kan du alltid köpa eller låna böcker och DVDs eller kolla på youtube®.

Självförsvar/kampsport är ytterligare en utövningsform. Det kan ge dig en djupare känsla av självförtroende än vad meditation eller yoga kan ge dig. Här ligger fokus nämligen inte bara på självförtroendet och självkänslan utan även på självdisciplin, självrespekt och att upprätthålla gränser mot olika former av fysiskt intrång. (Detta kan också vara av stort psykologiskt värde för exempelvis kvinnor som blivit överfallna eller våldtagna.) Det finns bokstavligen hundratals olika former av självförsvar och kampsport att välja på, från världens alla hörn. Mitt förslag är att du i så fall väljer en form som är relativ lätt att lära sig, som karate. Sanningen är nämligen den att de flesta former av kampsport är relativt komplicerade och det kan därför ta lång tid att lära sig dem för att inte nämna bemästra dem. Karate är också en av de mest kända formerna, inte minst på grund av filmerna om *Karate Kid*. De är visserligen fulla av romantiserade Hollywood-idéer om hur snabbt man kan lära sig karate och hur man kan stoppa en angripare men har ändå en poäng i vad kampsport kan göra för att ge självförtroendet en kick. Om du känner att det hade stärkt ditt självförtroende bättre om du hade kunnat försvara dig "ute på gatan" i realistiska situationer, snarare än med "snygga" tekniker på en mjuk matta under ordnade former, så föreslår jag att du lär dig exempelvis Krav Maga eller någon annan form av realistisk närkampsteknik, antingen av en personlig lärare eller i andra hand från en DVD. (Jag själv lär ut närkamp som jag sammanställt från ett flertal olika tekniker.)

Kapitel 6 — Två mödrars berättelser

Under denna svenska boks tillkomst blev jag kontaktad av två kvinnor som ville dela med sig av sina berättelser. Det var ingen rolig läsning med de visar med all önskvärd tydlighet hur en psykopat kan behandla till och med sina närmaste. Vissa fakta som namn och platser har ändrats för att inte röja deras identitet. Jag har dessutom gjort vissa språkliga och grammatiska justeringar.

———————◆———————

Jag träffade min sons pappa via en dejtingsida. Det som fångade mitt intresse var hans charm, hans sätt att skriva på, orden han använde. Han skrev dikter med romantisk innebörd och visade stor omtanke om mig. Det kunde komma meddelanden som "Hej min prinsessa, hoppas du mår bra idag" eller "Jag lovar att ta hand om dig för alltid och göra dig lycklig". Vidare berättade han om sin familj, sin stora omtanke för dem, och om sina vänner han hade på universitetet han nu studerade på. Han presenterade mig för dem och vi pratade vid några tillfällen per telefon. Han berättade också om sitt förra arbete vid ett stort företag och om sina tidigare akademiska studier i hemlandet, och han visade mig foton och intyg från allt. Med andra ord, han verkade alltså vara en stabil kille med bra jobb, akademisk bakgrund, många vänner, och mycket bra kontakt med sina föräldrar, vilka var religiösa.

Efter att ha skypat i stort sett dagligen under några veckor bestämde vi oss för att träffas, och han reste för att besöka mig. Han var som jag trodde när vi träffades; snäll, omtänksam, generös och vi hade det jättetrevligt tillsammans. Han verkade kort sagt vara den man som jag väntat på. Efter att blivit sårad djupt tidigare av en annan man var jag känslomässigt sårbar, och hade viss depression. Så man kan säga att när denne man dök upp så tänkte man/kände lite att "Wow, en kille som vill vara med mig!" Allt gick sedan fort, för fort, blev gravid snabbt och senare samma år flyttade vi ihop, dessutom en bra bit bort från där jag hade min familj och vänner. Till en början såg jag inga tecken på att någonting skulle vara fel, men så småningom märkte jag hur han började ändra karaktär. Han kunde lätt bli irriterad, visade ingen omtanke för mig, och ville ej hjälpa mig med hushållssysslor. Jag var höggravid, men fick sköta det mesta själv. Han isolerade sig från mig, vid sin dator. Vad han gjorde där kunde jag bara spekulera i, jag fick aldrig se på skärmen, och ibland tog han med sig datorn in i badrummet "för att få vara ifred". Kanske chattade han med andra kvinnor.

Situationen blev värre allteftersom, och runt tiden för vår sons födelse så fick jag se vilket monster han i själva verket var. När födelsevärkarna på mig kom gick han in för att duscha och göra sig själv i ordning. Han menade att ska vi stanna flera dagar så måste han ju duscha först. Sedan blev han arg på mig på BB när jag grät, han förstod tydligen inte att jag befann mig i ett känsligt tillstånd.

När sonen sedan skulle nattas erbjöd han sig ibland att göra det, men då skulle han oftast tvunget prata med sin polare i telefon samtidigt. Första gången sonen fick astmasymptom struntade han helt i det. "Det är väl inget, går väl över". Han satt med sina hörlurar med hög musik vid sin dator, vilket han alltid gjorde på kvällarna. Vem vet hur det hade kunnat sluta om inte jag hade varit hemma då.

Vid ett senare tillfälle fick jag panikångestattack, antagligen framkallad av all känslomässig stress, och han var inte direkt stöttande. Visserligen ringde han lasarettet men efter bara några signaler gav han otåligt upp så jag fick ringa själv. Han följde med till sjukhuset men där ringde han bara och pratade med sina polare och brydde sig inte om mig.

Även om han aldrig tog till våld var jag till slut rädd för honom och vågade inte agera som jag ville, av rädsla att han skulle ta min son. Slutligen kunde jag lyckligtvis flytta ut med min son och vi lever idag åtskilda, med begränsad kontakt.

Mitt råd till kvinnor, för att de ska undvika hamna i den situation som jag gjorde, är att kolla upp personen på alla sätt du kan, hans bakgrund, lära känna honom ordentligt. Och framförallt, låt det ta tid. Eftersom vissa personer döljer vissa av sina personlighetsdrag så är det svårt att lära känna någon på några månader, eller ens ett år.

"Kate"

Jag trodde jag hade träffat drömmannen vars intention var att få mig att bli lycklig.

Föga imponerad av allt smicker gällande hur vacker och fantastisk jag var förklarade jag att jag just avslutat ett förhållande som bara varat ett år med någon jag haft väldigt starka känslor för. Jag var inte frisk och visste inte vad det var för fel på mig. (Det visade sig senare vara en parasitsjukdom som jag hade ådragit mig utomlands.) Det var just när jag mådde som sämst som jag träffade denna insmickrande man som utgav sig för att vilja föra mig dit upp jag borde vara. Vi började lära känna varandra och jag avslöjade att den man jag haft ett förhållande med tidigare förmodligen lämnade mig eftersom jag var sjuk. Denna nya bekantskap svarade mig att han kom från ett krigshärjat land där människor mister armar och ben, får svåra sjukdomar och det finns inga läkare, och man lämnar inte varandra. Min bild av honom förändrades från en person med ytliga "pick up lines" till en riktig människa, en sådan som jag sökte.

Senare såg jag vid flera tillfällen sidor hos honom som skrämde mig, men lämnade ändå inte honom för jag tvivlade på mig själv. Han hade alltid en ursäkt för att ha brusat upp. Lögnerna blev fler och fler, och varje tråd jag drog i avslöjade en ny lögn. Det blev tydligt att han varit otrogen väldigt många gånger. Jag bad honom flytta från vår gemensamma lägenhet och det gjorde han.

Två år senare träffades vi strax innan pingst när jag skulle åka iväg med en vän till Stockholm. Jag hade fått veta att det jag hade drabbats av var en parasitsjukdom och jag var med rätt medicin på väg att bli frisk. Han uppgav att han också mått väldigt dåligt, varit i en svacka, och att han var så förändrad nu. Jag trodde honom och vi gifte oss några månader senare och jag blev gravid med vår dotter.

Under den tid jag var gravid var han sällan närvarande. Det var min pappa som hjälpte mig med allt. När vi varit och firat en nära väns dotter gick vi förbi en pizzeria. Vi diskuterade om vi skulle beställa hem eller äta där. Han skrek över hela restaurangen — "Fucking jävla hora, kan du aldrig bestämma dig!?" Folk tittade och jag gick därifrån. Jag undrade vad han skulle ha för ursäkt denna gång, men det kom aldrig någon ursäkt. Det gjorde det aldrig efter den dagen. Detta var den dag han tappade sin påklistrade charm-mask, och han satte aldrig på den igen.

När vår dotter föddes - det gör ont att skriva detta - började den riktigt svåra tiden. På BB, när vår dotter bara var några timmar gammal, ville han sitta på en pinnstol och sova med henne i famnen, trots att det är självklart att han då skulle tappa henne. När han somnade och jag försökte ta henne väste han mot mig, rev mig och gjorde utfall att han skulle kasta henne i golvet om jag tänkte ta henne. Jag hade ringt på personalen om det inte vore för att jag var säker på att han i så fall skulle ha kastat henne i golvet.

Väl hemma fanns inget skydd alls. Han skakade henne och jag fick gå emellan. Han drog upp hennes armar och släppte henne, stack fingrar i hennes hals med mera och jag fick gå emellan.

Varje gång var det jag som fick ta emot slag och smällar. Det var en tyst överenskommelse som gagnade oss båda. Han hotade mig med att om jag anmälde honom för sociala myndigheter eller polis skulle han kidnappa vår dotter och jag skulle aldrig mer få se henne. Dessa hot bestod också i att det värsta jag kunde tänka mig skulle hända henne.

Vid ett tillfälle hade han försökt gå i väg med henne men efter att jag gått emellan i stället slog han mig blodig, och då förstod jag att jag inte längre skulle kunna skydda henne. Jag tog mig till familjens sommarboende och bodde där med min mamma. Han hörde inte av sig, så jag började tro att allt var lugnt. Därefter flyttade jag till en annan stad för att läsa på universitetet. För mig var det en flykt.

Den 1 november, min födelsedag, kom han till min lägenhet. Vi åt en lugn middag tillsammans. Vår dotter som bara var 1 år då satt och slog med en sked i bordet. Han bad henne sluta men hon skrattade och slog igen. Han tog då tag i baksidan i tröjans halsringning och lyfte henne uppåt. Jag tog tag i henne och tryckte henne uppåt för att lätta trycket mot halsen samtidigt som jag skrek "förstår du vad du gör!?". Han tryckte henne hårt mot mig så att våra käkben smälldes mot varandra. Han gick därefter in i mitt sovrum och lade sig i min säng och somnade. Jag vågade inte somna, jag vågade inte ringa polis, jag satt som paralyserad i vardagsrummet och väntade. Till slut ringde hans telefon och han begav sig. Det gick flera veckor utan att jag hörde något ifrån honom och jag började hoppas på att han var död. Till slut fick jag genom polis, som ville höra mig, veta att han sedan den kvällen den 1 november suttit häktad för våldtäkt av en 17-årig flicka från hans eget hemland. Hon hade förskjutits av sin familj och befann sig i en utsatt situation och var därför ett lätt offer för honom.

Sex månader senare sök han upp igen och var så tacksam för att Hovrätten hade friat honom. Han lovade mig att inte ställa några krav på att vara ensam med vår dotter. Han till och med kunde förstå att jag inte vågade det. Han behövde bara någonstans att bo. När jag inte ville ha honom där förklarade han iskallt att han nu inte var dömd för något och kunde få delad vårdnad och därefter lätt försvinna med henne, och det värsta jag någonsin kunde föreställa mig kunde hända henne.

Månaderna som följde hotade han mig dagligen att han skulle döda mig. Han tvingade till sig sex, vilket handlade om regelrätta våldtäkter, för annars skulle han se till att vår dotter förolyckades. Han hade funderat ut många sätt detta kunde gå till på. Han skulle låta henne leka på en hög ställning, eller sätta henne på en häst utan att hålla. Så korkad som han är trodde han att det skulle se ut som en oskyldig olycka på en då tvåårig flicka. Varje dag försökte jag hitta ett sätt att fly, men vågade inte för hennes skull. Han hade henne som bricka i ett spel och jag var säker på att han skulle skada henne om jag försökte något. Jag var ofta i samtal med kvinnojouren och jag kunde få hjälp med skyddad identitet, men vågade inte. Han hotade att omedelbart strypa mig "på två sekunder" om han fick nys om att jag ens planerade att kontakta myndigheterna. Våldet eskalerade och blev livshotande. Han kom vid ett tillfälle när jag lämnade min dotter till hennes dagmamma på öppna förskolan. Jag tänkte att det fanns fullt med andra människor där och att inget kunde hända. Jag åkte till universitetet men när jag kom ditt föll det över mig som en tyngd att min dotter var i fara. Jag begav mig dit så fort jag kunde. Hennes pappa hade tagit henne därifrån. Några meter därifrån hade hon fallit och slagit sig så illa att hon inte hade talförmåga. En förälder hade sett min dotter ligga på asfalten och även andra föräldrar hade insisterat med att ta med henne in på förskolan och ringa ambulans. Hon hade ådragit sig en allvarlig hjärnskakning och brutit nyckelbenet. Han vakade över mig både på sjukhus och hemma så att jag inte kunde anmäla honom. Han slog mitt huvud i väggen, knyckte min nacke och tog hårda struptag. Han bokstavligen lekte med mitt våra liv.

En kväll kände jag i luften att han tänkte döda mig. Två kriminella släktingar till honom kom in och drack kaffe. Det var spänt i luften. De gick ut och satte sig i bilen som stod tätt parkerad intill vår dörr. Vår dotter somnade på sitt rum. Plågoanden jag levde med rullande ner rullgardinen i köket. Han tog tag i mitt hår och smällde mitt huvud mot väggen. Jag var inte fullt medveten men jag vet att jag skrek, jag vet att jag tänkte att någon måste höra mig. Han lade sin underarm mot min hals och tryckte för att platta till mitt struphuvud — något han ironiskt hade fått lära sig att just undvika i sitt jobb som ordningsvakt. Jag hade inget syre kvar, och det började kännas som jag var på väg att lämna livet. Plötsligt stod vår dotter där. Hon skrek "jag är Pippi Långstrump och ska rädda dig". Hon drog i oss och han släppte taget. Jag kunde inte ta mig upp. Min dotter tog mig i handen och ville lämna platsen. Jag kände knappt min egen kropp. Det kändes som fötterna svävade i luften, men jag kom successivt tillbaka. Han gick bakom oss och sparkade mig i ryggen. Min dotter skrek förtvivlat när vi kom in på rummet "titta på mina hästar" för att avleda. Bakom oss stod hennes pappa och skrek åt mig "tacka henne för att du lever — jag hade tänkt döda dig". Så fort han begav sig av med en smäll i dörren ringde jag polisen. De tog oss till hotell.

Historien och hoten tar inte slut där. Vi har på eget sätt både varit tvungna att förhandla med honom och gömma oss. Det har varit många svåra år med vårdnadstvister, där jag trots Hovrättens dom om att lämna ut min dotter har vägrat att göra det. Familjerättens utredare har så svårt att tro att det jag berättar verkligen kan vara sant. För den mannen de träffar är ju charmant. Det blir jag själv som framstår som den som är galen. Det hjälper ju inte heller att denna person tar sina egna sämsta karaktärsdrag, som lögnare, och placerar dem på mig.

Min dotter är nu 12 år och får bestämma själv om hon vill ha något umgänge med honom eller ej. Att leva med barn med en psykopat innebär att han kommer att använda barnet som en bricka för att komma åt dig. Du inte är fri förrän ditt barn fyllt 12.

Mina slutord till dig är, tänk på att när du ser tecken på att något inte är normalt hos honom, lita då på din egen inre röst och inte på hans bortförklaringar.

"Clara"

Epilog

En bok om hur man handskas med psykopater är naturligtvis kontroversiell, hur man än vänder och vrider på det. Den hamnar av nödvändighet i gränslandet mellan fakta och personliga åsikter. Och det kommer alltid att finnas olika åsikter om hur man bör handskas med psykopater — eller om det ens är möjligt. Kan det vara farligt att försöka handskas med en psykopat? Ja det är klart det kan. Somliga psykopater är våldsbenägna och hämndlystna. Kan det vara farligt att *inte* handskas med en psykopat då? Ja, i allra högsta grad! För om du är passiv och bara försöker göra honom till lags är det ändå ofta bara en tidsfråga innan han börjar betrakta dig som en fiende och inleder sin hämndaktion eller till och med angriper dig fysiskt. För att inte nämna de starkt negativa effekter det har på din psykiska hälsa om du bara är passiv och försöker göra honom till lags. Min bestämda åsikt är att det bästa sättet att undvika fara är att ha kunskap om vad en psykopat är och inte är, hur en psykopat tänker, att veta hur man känner igen en psykopat, och sedan på ett taktiskt sätt hålla dem på avstånd.

Jag vill dock understryka här att syftet med boken *inte* är att späda på det hat och de häxjakter som redan finns i samhället mot psykopater. Syftet är snarare att göra läsaren medveten om att psykopater på sätt och vis tillhör en *annan ras* än resten av människosläktet — med helt andra spelregler — och att du bör vara medveten om den rasen, precis som du bör vara medveten om många andra faror i dagens moderna samhälle.

Visst kan det vara lätt till hands att förbanna alla män eller kvinnor, eller till och med hela mänskligheten, om du har lidit på grund av vad en eller flera psykopater har ställt till med. Håll dock i åtanke att 98 procent av alla människor är vanligt, hyggligt folk som är godhjärtade och vill dig väl. Fördöm inte alla dessa 98 procent bara på grund av de två procent som är psykopater. Eller som den amerikanske frihetskämpen Martin Luther King Jr. sa: "Det värsta är inte de onda människornas förtryck och grymhet utan att de goda håller tyst och inte talar högt om det". För att vända något negativt till något positivt kan du istället fråga dig vad du har lärt dig av mötet. De insikterna och erfarenheterna kan mycket väl ha gjort dig till en starkare person! Använd det för att göra ditt liv bättre från och med nu. För du förtjänar ett fantastiskt liv.

En kort självbiografi

Så länge jag kan minnas har jag slukat böcker om populärvetenskap, populärpsykologi, filosofi, oförklarliga mysterier, kroppsspråk, positivt tänkande, hypnos, sinnets okända krafter, meditation, inre balans, healing, reflexologi — ja i stort sett allt som vidgade min inre värld och förklarade den yttre världen. Jag har alltid varit en fritänkare och inte haft något större intresse (och säkert inte heller tillräckligt tålamod!) för en formell psykologiutbildning. Jag har alltid varit mer intresserad av kunskap som ligger utanför det de flesta skolor och utbildningar erbjuder: Strategiskt tänkande, psykologisk taktik och mentala knep, allt för att kunna handskas med besvärliga personer och situationer.

Jag tror att mitt intresse för inre balans och välmående delvis härrör från det faktum att jag tillhör den relativt stora skaran högkänslig person. Detta är ett medfött personlighetsdrag som delas av 15-20 procent av alla människor. Det innebär bland annat att det alltid har varit viktigt för mig att alla mår bra och behandlar varandra med respekt, och att jag på gott och på ont "känner av" konflikter mer än de flesta. Synskhet i olika former förekommer också på båda mina föräldrars sida. Min fars mormor Hilda var byns helbrägdagörerska och botade sjuka.

Dessutom är jag ansiktsblind (den medicinska benämningen är prosopagnosi) och jag känner normalt sett inte igen personer förrän jag träffat dem ett flertal gånger — åtminstone betydligt fler gånger än de allra flesta behöver för att känna igen någon. Istället har jag en tendens att tona in på personers känslolägen. Jag får ett slags emotionellt intryck som minnesbild istället för ansiktet. När folk berättar vad de tycker om eller inte tycker om brukar det också etsa sig fast i mitt minne, vare sig det rör sig om att någon gillar päronsmak, ogillar gröt eller älskar någon speciell film eller musikartist.

År 2010 fick mitt intresse för självförbättring en ny skjuts och jag började gå kurser och distanskurser i kroppsspråk, ansiktsuttryck, NLP (neurolingvistisk programmering), konflikthantering, life coaching, EFT (Emotional Freedom Techniques), attraktionslagen, hypnos, energimedicin, meditation, etcetera, samt olika former av självförsvar och närkamp. Alla dessa tekniker var som version 2,0 av allt jag hade studerat tidigare och gav mig en massa användbar kunskap om livet. Sedan 2011 arbetar jag också som deltidsinstruktör och lärare i flera av dessa tekniker. Den 1 november 2012 gav jag ut min första bok på engelska, och fler har följt efter det. Det kanske låter som om jag vill kunna precis allting men i själva verket är jag bara outtröttligt nyfiken på allt som kan förbättra mitt och andras liv. Att ha en bred kunskap ger ett vidare perspektiv på saker och ting och man ser hur allting hänger samman. Ytterst sett handlar det också om inre frid kontra styrka och kraft (yin och yang). Utan båda har du varken eller. Utan inre frid kan du inte till fullo njuta av din styrka och kraft, och utan styrka och kraft kan du inte försvara din inre frid.